MW01138872

CÓMO PAGAR MENOS IMPUESTOS

ROBERTO RODRÍGUEZ

www.pagarmenosimpuestos.guiaburros.es

EDITATUM

❋ ❋

© EDITATUM

© ROBERTO RODRÍGUEZ

Queda prohibida, salvo excepción prevista en la ley, cualquier forma de reproducción, distribución, comunicación pública y transformación de esta obra sin contar con la autorización de los titulares de propiedad intelectual. La infracción de los derechos mencionados puede ser constitutiva de delito contra la propiedad intelectual (art. 270 y siguientes del Código Penal). El Centro Español de Derechos Reprográficos (CEDRO) vela por el respeto de los citados derechos.

En la redacción del presente libro mencionamos logotipos, nombres comerciales y marcas de ciertas empresas u organizaciones, cuyos derechos pertenecen a sus respectivos dueños. Este uso se hace en virtud del Artículo 37 de la actual Ley 17/2001, de 7 de diciembre, de Marcas, sin que esta utilización suponga relación alguna del presente libro con las mencionadas marcas ni con sus legítimos propietarios. En ningún caso estas menciones deben ser consideradas como recomendación, distribución o patrocinio de los productos y/o servicios o, en general, contenidos titularidad de terceros.

Diseño de cubierta: © Looking4

Maquetación de interior: © Editatum

Primera edición: Mayo de 2019

ISBN: 978-84-17681-26-5

Depósito legal: M-17994-2019

Impreso en España/ Printed in Spain

❋ ❋

Si después de leer este libro, lo ha considerado como útil e interesante, le agradeceríamos que hiciera sobre él una **reseña honesta en Amazon** y nos enviara un e-mail a **opiniones@guia-burros.com** para poder, desde la editorial, enviarle **como regalo otro libro de nuestra** colección.

Agradecimientos

Si este libro lo tiene usted entre sus manos, es gracias a que Borja Pascual me animó a escribirlo hace unos meses en una visita que le hice en su despacho. Salí de la editorial, y se lo comenté a mi amigo y compañero en *Brandrock*, Alfredo Urdaci, CEO de *Ludiana*, el cual se alegró y me animó a escribirlo. El proyecto *Brandrock* que hemos emprendido junto a buenos amigos como Raúl Jiménez, Director General de *AJE Madrid* y Javier Espiga, CEO de *NewLex Abogados*, es un apasionante reto empresarial.

Quiero agradecer a dos buenas amistades, el primero, Luis Santamaría, que fue CEO de Mapfre Caución y Crédito por su experimentada visión del mundo empresarial y a José Millán, CEO de *Armonee*, por sus análisis de la gestión de empresas compartida alrededor siempre de un buen café los fines de semana.

Debo agradecer también a todos esos compañeros que he conocido durante más de tres lustros en una división especializada en Inversiones y Compensación de Mapfre y que siempre han aportado visión y experiencia.

En ese área, aprendí la profesión gracias a Eduardo Saavedra y Óscar Álvarez y, posteriormente, fui sumando ideas de profesionales como Fernando Álvarez, José Miguel López, Valeriano Manjón… No quiero seguir dando más nombres, porque son muchos los que he conocido, y sería injusto el olvidar alguno, por lo que espero que les llegue a todos mi agradecimiento por haber compartido tantas horas de trabajo en estos años.

Sobre el autor

 **Roberto Rodríguez** nació en Madrid en 1973. Es Licenciado en Económicas, máster en Mercados Bursátiles y Derivados Financieros, Experto Universitario en Técnicas de Estadística Multivariante y Experto Universitario en Métodos Avanzados de Estadística Aplicada.

Es CSO de *Ludiana-Brandrock*, y tiene más de quince años de experiencia en la implantación de sistemas de compensación, retribución flexible, previsión y bajas incentivadas en la empresa, así como en el asesoramiento financiero de inversiones en los mercados financieros, para lo cual tiene la acreditación MIFID II por el Instituto Español de Analistas Financieros.

Índice

Prólogo de *Alfredo Urdaci* 11

Justificación de la optimización fiscal como instrumento
de crecimiento en la empresa

El necesario paso adelante de la pyme española .. 13

Objetivo: incremento de la productividad y de
la supervivencia en la pyme 17

Optimización fiscal de la retribución del
trabajador 25

La problemática de poner en marcha una nueva
estrategia retributiva 32

Fiscalidad bonificada en los sistemas retributivos

Opciones reitrbutivas del administrador de
la empresa 38

Bonificaciones fiscales de las retribuciones
en especie 49

Beneficios fiscales en la retribución variable 73

Fiscalidad bonificada de sistemas de previsión
social empresarial 85

La jugada maestra para trabajadores y empresa .. 99

Planificación fiscal de las reestructuraciones

Reestructuraciones de plantillas 104

Reestructuración patrimonial familiar tras
jubilación 109

Incentivos fiscales de inversión en empresas

Incentivos fiscales por invertir en negocios y
crear empleo 121

Autónomos

Gastos deducibles en el IRPF del autónomo .. 129

Bonificaciones fiscales y en seguridad social
para autónomos 132

Bibliografía 140

Prólogo
Un afable optimista

Los asesores fiscales suelen ser gentes apesadumbradas por la jungla legal y la exuberancia legislativa. Viven en el mundo de la interpretación y la atención constante al oráculo que fija el sentido último de las disposiciones legales. El resto de los mortales saltamos de liana en liana en esa selva de códigos y reglas. Procuramos que el coste de nuestra actividad sea el mínimo. Aunque a alguno le suene a sospecha, ese es un espíritu compatible con el deseo de contribuir al bienestar general con nuestros impuestos. Es decir, uno quiere pagar, sin que el coste de la actividad nos lleve a aquella situación que describía Reagan: «Si te mueves te ponen un impuesto; si te sigues moviendo te suben el impuesto; si te paras, entonces el estado te da una subvención».

Somos muchos los convencidos de que existe un punto de equilibrio, que la carga fiscal es compatible con el impulso empresarial y con la creación de riqueza. La actividad extractiva del estado no puede ahogar la iniciativa privada —al fin y al cabo la riqueza la crean los empresarios, sean autónomos o sociedades anónimas—, y mientras no encontremos ese equilibrio, es imprescindible optimizar. Y quien optimiza en este libro es, se lo aseguro, un optimista.

Roberto Rodríguez es un experto minucioso, riguroso y cabal. Tiene un conocimiento profundo de la empresa y de las leyes, y por eso es capaz de describir en este texto esas zonas, esos territorios de oportunidad que las empresas pueden encontrar en una arquitectura legal endiablada. A Roberto le conocí en un despacho de abogados y economistas donde nuestros caminos se cruzaron, y desde entonces comparto tareas y empresa con él en Ludiana. Su estilo genera confianza. Antes de darte un consejo, de marcarte una senda, escucha hasta que tiene un conocimiento exhaustivo de tu empresa, y a partir del análisis propone soluciones. Donde había oscuridad, pone luz; donde reinaba el pesimismo, abre un espacio al optimismo.

Empresarios: es posible crecer en actividad, pagar menos en la cuenta fiscal, estar en paz con la Agencia Tributaria y dormir con la conciencia tranquila y serena. Se trata de planificar, de tomar las medidas que Roberto propone en este libro. El texto que tienes en tus manos es el destilado de mucha experiencia y mucho conocimiento. Y está contado con la misma sencillez que este autor, afable, cordial y bondadoso, gasta en su vida cotidiana. Si usted es de los pesimistas, concédase una oportunidad. No todos los días tiene uno la fortuna de encontrar soluciones a ese pesado enredo de la cuenta fiscal. Su vida empresarial será menos grave si sigue los consejos de este autor, que tiene algunas salidas marcadas en este oscuro laberinto. Rodríguez demuestra en este manual que un optimista, en contra de la opinión clásica, es un ser muy bien informado.

Alfredo Urdaci

El necesario paso adelante de la pyme española

Varios han sido los motivos por los que he escrito este libro, que espero que sea de utilidad a empresarios, autónomos y trabajadores.

El primero es que mi padre fue socio fundador de una pyme, y ya desde pequeño tenía yo una pequeña visión de las bondades y dificultades de ser empresario.

La segunda es que llevo más de tres lustros trabajando y estando en contacto con empresarios, profesionales autónomos y trabajadores particulares, asesorando en temas de planificación y optimización de sus patrimonios, lo que me ha dado una cierta visión de la manera en que cada uno de ellos analiza y prevé las dificultades.

La última de ellas son las reiteradas recomendaciones de organismos internacionales como el FMI, OCDE, BCE o estudios de prestigiosos centros de investigación, que llevan años dando ciertas orientaciones en la misma dirección a la empresa española, por las que la productividad de la mismas debe ser mayor.

El tema creo que es de vital importancia para nuestro país, ya que cada vez que viene una crisis económica, la destrucción de empleo es absolutamente devastadora.

En la última crisis llegamos a tener en nuestro país un 27,2 % de paro como máximo allá por el 2012, lo que supone seis millones de desempleados, obteniendo además veintidós trimestres por encima del 20 % de desempleados.

Ello nos pone, dentro de los países mas avanzados del mundo, en la cabeza de los países donde más desempleo se genera en momentos de crisis.

Supone también un coste de oportunidad descomunal, de tener a tantas personas desempleadas tanto tiempo, problemas para las arcas públicas, que ven cómo los ingresos por IRPF disminuyen y tienen que utilizar fondos públicos para dar las prestaciones de desempleo.

Otros efectos perversos son la afloración de cierta actividad económica sumergida o la emigración del talento joven, que ve cómo en su país, tras un intenso periodo de preparación, acaba en el paro o en trabajos que no coinciden con su formación o con salarios extremadamente bajos.

En este último caso les hacemos un regalito gratis a los países mas avanzados, que acogen a estos trabajadores bien cualificados por nuestro sistema educativo, en gran parte financiado públicamente, y que con salarios no excesivos impulsan la productividad del país acogedor.

Si descendemos un poco más en los datos, podemos ver que según el tamaño de la empresa, es precisamente en la pyme donde se destruye mucho más empleo.

En la micropyme (menos de diez trabajadores) el efecto es menor, y es la gran empresa la que sale mejor parada en momento de crisis, al no destruir tanto trabajo.

No solo es así, sino que además la destrucción de empleo en la gran empresa es similar a cualquier país de los más avanzados, por lo cual tenemos una pista crucial ahí.

Habrá que analizar por qué es así, y extrapolar a la pyme aquellas medidas que están adaptando las más grandes.

Se podría decir que la clave en la pyme española está en el concepto de productividad, que es bastante más bajo que la pyme de los países más desarrollados.

Ahí es donde debemos centrar el esfuerzo, en incrementar la productividad.

Y aun así, con este escenario, tan solo hemos bajado unos cuantos puestos —en concreto al decimocuarto puesto— en cuanto al PIB a nivel nacional, lo cual nos invita a mirar con algo de optimismo el futuro, siempre y cuando tomemos medidas de lo aprendido.

Por otro lado, entre 2008 y 2016 por el lado de la empresa se han cerrado la nada despreciable cifra de 214 958 empresas, siendo el 92 % de las empresas cerradas, empresas familiares.

Por el lado de los emprendedores los datos son demoledores: solo en el primer año desaparecen el 25 % de las empresas creadas, y únicamente el 42 % llegan al quinto año.

Así pues, creo que con estos desoladores datos tendremos que hacer algo diferente en nuestras empresas.

Yo empezaría por las recomendaciones que nos hacen los citados organismos anteriormente, que en buena medida van encaminadas a aumentar la productividad y a lograr estabilizar la supervivencia de la empresa.

Objetivo: incremento de la productividad y de la supervivencia en la pyme

Una vez identificados los objetivos estratégicos de la pyme española, vamos a ver algunas medidas que tendríamos que adoptar para lograrlos.

Yo los he resumido en tres áreas estratégicas:

1. Estabilidad financiera y gestión de riesgos activa
2. Desarrollo estratégico
3. Digitalización del negocio

Estabilidad financiera y gestión de riesgos continua

La inestabilidad financiera de las empresas españolas en momento de crisis supone, en primer caso, la elevación de la tasa de morosidad de préstamos bancarios.

Las empresas ven como sus ingresos empiezan a decaer, tienen problemas para pagar sus deudas y empiezan a recortar empleo de sus plantillas para sanear los costes.

Es decir, la tasa de morosidad bancaria evoluciona a la par que la citada tasa de paro.

Esa fuerte correlación implica que el empresario español, en cuanto ve la llegada de la crisis y tiene problemas para pagar a los bancos, decide despedir a trabajadores.

Segun un estudio de IE Business School, el 13 % de las empresas están en riesgo de cerrar a causa de impagos, el 31 % sufre impagos significativos y el 74 % padece los problemas de la morosidad de pagos de efectos comerciales, mientras que el 83 % han tenido que aceptar plazos superiores a los deseados.

Aún así, hay una enorme variedad de riesgos que amenazan nuestros negocios.

Algunos de ellos pueden ser devastadores económicamente, como un incendio o una explosión, los ciberataques, las indemnizaciones por responsabilidad civil o penal (*compliance*), las sanciones por vulneración de la LOPD, la exportación de un gran pedido y un sin fin de amenazas que rodean la actividad empresarial.

Otros son devastadores también sentimentalmente, como la invalidez, el fallecimiento, las crisis conyugales, las enfermedades, etc.

Y es que el riesgo es ese compañero de viaje silencioso que no se deja ver, pero que puede aparecer en cualquier momento y destruir el negocio, y posiblemente el patrimonio de la familia.

Si el patrimonio de mi familia sale afectado, la calidad de vida que estoy proporcionando a los hijos y la pareja queda dolorosamente dañada.

Por no decir de las relaciones con familiares a los que se ha acudido para que les avalen un préstamo, que pueden verse duramente afectadas.

Así pues, hay dos medidas vitales que debe afrontar la pyme:

— Por un lado, no depender tanto de la financiación bancaria, buscando otras alternativas como los *private equity*, *venture capital*, *business angels*, y más recientemente, con la irrupción *fintech*, apoyarse en el *crowdfunding*.

— Por otro lado, desarrollar una política de gestión de riesgos continua, que minimice los efectos de la materialización de los mismos a través de una estrategia efectiva de reducción de los mismos o de su transferencia a una entidad externa (aseguradora).

Es necesario para ello estar asesorado patrimonialmente por un equipo de expertos que supongan un servicio global, como puede ser un conjunto de economistas expertos en comunicación, abogados, mentores, gestores de inversión en bolsa, auditores, asesores en *real state*, etc.

Desarrollo estratégico

Las medidas necesarias para el desarrollo o crecimiento estratégico de la empresa creo que deben centrarse en tres apartados:

Primero, **establecer una política de desarrollo de capital humano.**

Esta debe estar centrada en la gestión del talento, la fidelización de los empleados, la implantación del salario emocional, la flexibilidad laboral, el desarrollo de eventos «exclusivos» o la formación continua.

Pero la más importante es la razón principal por la que escribo este libro: la optimización fiscal de las retribuciones, diseñadas a medida de la situación personal de cada trabajador.

No olvidemos que la fidelización hoy en día se está empezando a convertir en un verdadero quebradero de cabeza de algunos departamentos de RRHH, ya que existen algunos puestos de trabajo difíciles de cubrir, a lo que hay que añadir la escasa incorporación de trabajador joven.

Y es que el envejecimiento de la pirámide poblacional no solo provocará en unos años problemas en la sostenibilidad de las prestaciones públicas como las pensiones, sino que habrá puestos de trabajo que no se cubrirán.

Sí, lo he dicho bien, no se cubrirán, por lo que los departamentos de RRHH tendrán mucho que innovar para retener el talento.

Buena parte de este libro va encaminado a proponer soluciones para retener el talento.

Otra medida necesaria es **tener mayor disposición a la internacionalización del negocio.**

La mayoría de la gran empresa española tomó la decisión hace un par décadas, y ha visto que la decisión de su salida al exterior se ha visto más que recompensada con el paso de los años.

Se ha diversificado el negocio internacionalmente, aprovechando las economías de escala por aumentar el tamaño de la producción, la buena formación relativa de nuestro trabajadores y el mayor desarrollo tecnológico de nuestro país con respecto a los países donde se hizo el desembarco.

Esta última crisis ha llevado a un duro ajuste salarial de nuestros trabajadores, lo que hace que seamos algo más competitivos que los países más desarrollados de la Unión Europea.

Por otro lado, el acercamiento de la relación dólar/euro a los niveles actuales de primeros de año del 2019, cercano a 1.10, ha hecho más competitivos los productos europeos.

Si a esto le unimos el crecimiento generalizado de los países sudamericanos desde que estamos en el siglo XXI, podemos entender la favorable consecuencia de haber salido al exterior.

Por último, es necesaria **la introducción de estrategias de innovación en procesos internos.**

En España, sin embargo, tenemos buena fama de ser innovadores en nuevos productos; somos buenos creativos, pero no lo somos tanto en cuanto a los procesos internos se refiere, tanto en términos de organización como en términos de comunicación interna.

Digitalización

Hoy en día, el negocio depende más que nunca de una buena estrategia de comunicación de marca en un mundo digital.

Ya no es el anuncio publicitario en prensa, en los buzones de correos o en la revista del barrio, con los que hemos crecido en los últimos treinta años, el que lleva mejor el mensaje a nuestro cliente. El tema es más sutil, se necesita ya de verdaderos expertos en comunicación y *marketing* que de manera continua nutran de mensajes que generen valor de la marca en un entorno digital.

Estos dos elementos tienen dos ramas de vital importancia: una es la comunicación y el *marketing* interno, vitales para que el desarrollo de la actividad empresarial fluya de manera eficiente y transmita al personal los valores y motivación adecuados. La otra es la externa, que está dirigida a clientes, proveedores, medios de comunicación, accionistas (en su caso), etc., a través de cualquier canal de comunicación. Es obvio que hoy en día es vital la estrategia de comunicación digital.

Ello exige además que la reputación se haya convertido en una pieza básica del negocio.

El flujo de la información ha crecido y crecerá de manera excepcional, y la aparición de *fake news* o de alguna noticia que perjudique a la empresa, supondrán rápidos y letales efectos.

Ello, indudablemente, exige que la pyme apueste por un mejoramiento de la tecnología que emplea hoy en día, y por el asesoramiento de expertos en estrategias de comunicación que transmitan imagen, profesionalidad, calidad, compromiso y honestidad por parte de la empresa.

Pero ello tendrá que ir acompañado con el análisis continuo de la reputación *online*, a través de lo que denominamos en Ludiana «células de alerta temprana».

Una noticia, un comentario, una denuncia, una mala experiencia de un cliente, un proveedor o un trabajador, y el negocio puede saltar por los aires en cuestión de horas.

Corolario

Pues bien, después de esta reflexión, espero que entiendan la importancia de la puesta en marcha de estas medidas.

En este libro pretendemos adentrarnos en las estrategias de desarrollo de capital humano, implementando estrategias de fiscalidad bonificada como un instrumento de crecimiento en la empresa.

Analizaremos, desde la óptica fiscal y patrimonial, cómo podemos dar un empujón al incremento de productividad de los trabajadores en la pyme.

Así, cuando venga la siguiente crisis, el empresario no se verá obligado a realizar un ajuste en tamaño de fuerza laboral tan demoledor como se ha realizado tradicionalmente, y se asemejará a los países más avanzados del mundo.

Analizaremos cómo el empresario o el profesional autónomo pueden rebajar la factura fiscal y establecer ciertas protecciones a su patrimonio.

Está en juego la sostenibilidad y prosperidad de los ingresos de su familia.

Optimización fiscal de la retribución del trabajador
Compensación & retribución flexible

Vamos a desarrollar a partir de este capítulo las opciones de optimización de la factura en IRPF que nos permite la legislación, desde el punto de vista de una persona que trabaja en una empresa a tiempo completo con un contrato laboral.

La opción más utilizada tradicionalmente en la pyme ha sido una remuneración fija anual.

En algunos departamentos, como es el comercial o el de producción, suelen existir una parte variable vía comisión con la finalidad de motivar al empleado, y descargar costes fijos para la empresa.

La idea no es mala: doy una parte fija igual a aquellas personas con la misma categoría y designación, y motivo a la gente, premiando más a aquella persona que produce o comercializa más, manteniendo costes fijos controlados.

Pero como decíamos en el capítulo primero, vamos a tratar ahora de una de las maneras más efectivas de motivar y fidelizar al empleado, que es a través de una estrategia combinada de optimización fiscal de su retribución, bien comunicada estratégicamente en la empresa.

Son las dos caras de una moneda.

De nada sirve implementar un sistema de optimización fiscal de los sistemas retributivos de los trabajadores si no se ejerce una estrategia de comunicación y *marketing* interno que lleve al empleado a un sentimiento de orgullo por pertenecer a esa empresa.

Hay que transmitir a los trabajadores que se ha hecho un esfuerzo importante al individualizar sus retribuciones con la única idea de reducir la carga fiscal de los mismos.

No se equivoquen, no estamos hablando de modificar su salario bruto en función de su situación personal, sino que en función de esta se intenta llegar individualizadamente a una mayor retribución neta después del IRPF.

Cuando digo individualizadamente, me refiero a cuestiones vitales como las siguientes:

a. Situación personal
b. Situación familiar
c. Situación patrimonial

Pongamos un ejemplo:

La situación personal de un trabajador de treinta y cinco años de edad que gana 30 000 € brutos, está soltero, vive en una casa comprada recientemente con una hipoteca, tiene alquilada una casa que heredó de sus padres por 800 €/mes (9600 €/año) y tiene una pareja que gana lo mismo en otra empresa con casa propia ya pagada, es muy diferente de la de otro trabajador que hace la misma función en la empresa, con la misma edad y el mismo salario, pero que está está divorciado, con tres hijos a los que pasa una pensión alimenticia, que viven con su ex-mujer, la cual se ha quedado en la vivienda habitual, por lo que el hombre necesita alquilar una vivienda para residir.

Es una cuestión de liquidez. Las necesidades de liquidez de uno y otro están en la antípodas.

No se equivoquen, no estoy diciendo que le paguen menos a uno que al otro. Les estoy diciendo que la retribución sea la misma porque hacen las mismas funciones, pero que se instrumentalice un salario «a la carta», individualizado las necesidades personales, familiares y patrimoniales de cada uno de ellos.

En este ejemplo es obvia la diferencia, por lo que la solución, una vez analizada y comentada con el interesado, puede ser algo así:

Yo, en primer lugar, hablaría con el que tiene hijos para ver si le puedo reducir el IRPF e incrementar la renta neta después de impuestos, es decir incrementarle lo que le llega a su bolsillo.

¿Cómo? A través de retribuciones en especie que pueden suponer dos más que interesantes efectos impositivos beneficiosos para el trabajador:

1. Algunos productos o servicios que la persona ya contrata de manera personal, y que la ley permite que lo haga la empresa, normalmente a un precio más reducido y... ¡bingo!: ¡que además desgrave!

2. Si el trabajador dispone de un tiempo para comer todos los días y este se acerca a restaurantes cercanos para comer, establecer la instauración de tickets de comida, lo que le supondrá un ahorro importante.

Por otro lado, hablaría con el soltero para llegar a un acuerdo entre los dos, de instrumentalizar un salario «a la carta» que tenga las siguientes características:

a. Que cumpla obviamente el convenio colectivo o interno de la empresa.

b. Aprovechar las mismas ventajas que le hemos propuesto al otro trabajador de retribuciones en especie, para que lo medite.

c. Proponerle un salario «diferido», con la posibilidad de obtener un 30 % de exención del mismo pasados dos años si permanece en la empresa (artículo 18.2 LIRF).

d. Además, le propondría algún sistema de previsión social que le suponga una mayor desgravación fiscal en el IRPF.

Les he puesto un mero ejemplo, pero las posibilidades son más que amplias.

Y es que en toda relación laboral hay cuatro patas a la hora de hablar de retribuciones, que son: la empresa, el trabajador, Hacienda y la Seguridad Social.

Pues bien, que se desconozca la legislación por parte del empresario y el trabajador no implica que no haya una variedad importante de retribuciones exentas o bonificadas fiscalmente que elevan el salario neto anual de los trabajadores si se implementan.

Sí, esa es la idea central: mismo salario bruto para la empresa, mayor salario neto.

Obviamente, en ningún momento estoy diciendo que no haya que cumplir los mínimos establecidos en convenio laboral sectorial o interno en la empresa; lo único que estoy diciendo es que debemos aplicar todas aquellas bonificaciones y exenciones fiscales que permite la ley.

La jugada maestra es ahorrar costes a la empresa y subir el neto que le llega al trabajador: ¡*touché*!

Así, todas las partes salen ganando.

Aunque estudios econométricos como el de los investigadores Arrazaola y De Hevia en la prestigiosa revista *Cuadernos de información económica* (n.º 239 marzo-abril) dejan patente la alta sensibilidad de los agentes económicos ante modificaciones impositivas.

Y como no es de extrañar, la sensibilidad a la imposición es notablemente superior en las rentas más altas (ERD 2,5) que en la más bajas (ERD 0,6 %), y en comunidades como Madrid y Cataluña.

Con lo cual, incluso una imposición efectiva menor podría implicar la afloración de rentas, que junto a la reducción de costes que les he comentado anteriormente podría incluso elevar algo el empleo.

Ya en 2014 la comisión de expertos para la reforma del sistema tributario español, recomendó para salir de la crisis que habitaba por aquel entonces la reducción de las cotizaciones a la Seguridad Social para ser más competitivos ante los países extranjeros.

Por otro lado, quiero reconocer la gran labor de aquellos profesionales que se dedican al asesoramiento fiscal. El propio Einstein decía que «lo más difícil de comprender en el mundo es el impuesto sobre la renta».

Los asesores fiscales laborales, contables externos que tienen las pymes, conocen perfectamente de la existencia de esas retribuciones, pero entiendo que la labor de ellos es asesorar las dudas que su cliente les transmite y gestionar diariamente todo el tema contable, nóminas, contratos, IVA, sociedades, etc., que es una tarea más que ardua.

Si además tuvieran que introducir todo ese sistema individualizado de retribuciones con exenciones y bonificaciones fiscales implantadas según la situación patrimonial y familiar de cada trabajador, y en cada área o departamento de una pyme con sus particularidades, y además establecer una estrategia de comunicación y *marketing* efectiva dentro de la misma (por favor, la comunicación no es poner un póster en una pared o enviar un *e-mail* diciendo que se ha puesto en marcha en la empresa algo que desgrava para la trabajador), sería algo que excede de las funciones de los mismos.

Por esa razón existimos los expertos en compensación y desarrollo humano, desarrollando esos servicios para pymes y grandes empresas.

La problemática de poner en marcha una nueva estrategia retributiva

Hasta ahora parece todo muy fácil, pero no podemos obviar los obstáculos que nos vamos a encontrar al establecer un nuevo sistema retributivo en una empresa que tiene cierta antigüedad y en la que existen trabajadores acostumbrados a una manera determinada de percibir sus honorarios.

Lo primero que hay que hacer es una política de comunicación interna que transmita a los empleados la verdadera esencia del cambio, que no es más que optimizar individualmente la fiscalidad de los mismos para que les llegue más dinero a la cuenta corriente del banco donde reciben sus honorarios.

Señor empresario, póngase una medalla, porque se lo merece.

Reflexione sobre si pone objetivos referidos a obtener un objetivo cuantitativo concreto, a un crecimiento porcentual determinado, o incluso premiar la calidad del producto o servicio.

Hace poco leí que Jonathan Ice, vicepresidente senior de diseño de Apple, decía que en el gigante creado por Steve Jobs, era la calidad lo que primaba.

Otra problemática que puede suceder es que, al poner alguna retribución variable, se pongan objetivos desmesurados para alcanzarlos.

Ello no le hace más listo al que lo pone; de hecho, este normalmente no llega a ver la incomodidad y desmotivación que supone en su propia plantilla, la cual se ve ninguneada.

Tres datos les doy para que entiendan el porqué de su importancia.

El IBEX-35 cotiza hoy en niveles prácticamente similares a los que lo hacía diez años atrás; el salario medio bruto mensual España era en 2009 de 22 329 €, mientras que a día de hoy, a principios de 2019, es aproximadamente de 22 800 €, lo que supone una subida acumulada escasísima de un 2,10 % en el período citado.

Es decir, ambos están en niveles muy parejos a los de hace diez años.

En una línea parecida se encuentra la inflación acumulada en España, que en los últimos diez años (1 febrero 2009 - 3 marzo 2019), es de un 11,22 % acumulado, lo que implica un nivel de inflación acumulado más que moderado.

Pues bien, si la situación es esta a nivel general en España, que no sea su empresa la que lleve a retribuciones variables cada vez más exigentes, porque sus trabajadores entenderán que no son tratados de manera adecuada, profesionalmente hablando.

Otro error que se suele cometer para incentivar plantillas, y que desincentiva a los trabajadores, es la fijación de un *bonus* variable en función de un número alto de objetivos independientes entre sí, pero que hay que obtener de manera simultánea.

Un ejemplo: imagínese que pone un *bonus* de 30 000 € para cada uno de los diez ejecutivos de un departamento, obteniéndolo aquellos que consigan los ocho objetivos a la vez, los cuales son independientes entre sí.

Imagínese que una vez comunicados los objetivos, ve que es muy probable obtener cada uno de ellos; pongamos por ejemplo, un 90 % de probabilidad de conseguir cada uno de ellos.

El problema está en que la probabilidad de conseguir todos los objetivos a la vez sería de un 43 % (es decir 0.90 elevado a 8), por lo que menos de la mitad de sus ejecutivos no obtendrán el *bonus*.

El primer año la empresa se puede ahorrar mucho dinero en *bonus* no abonados, pero les aseguro que eso deja huella en la plantilla, que se puede sentir ninguneada. Y por supuesto, lo más lógico es que no se lo digan directamente a sus superiores.

Puede ocurrir también que sea el propio empresario el que, después de años de éxito empresarial, entienda que no necesita la instauración de ninguna medida retributiva diferente a la que le ha funcionado en un camino lleno de éxitos.

Puede que tenga cierta razón, o no.

Hay a veces que hay que parar y reflexionar un poco, ya que si está contrastado que en las empresas más grandes del país estos sistemas retributivos están implantados, es debido a que ello «funciona».

Les pongo dos ejemplos sobre nuevas formas de innovar de las empresas más importantes de nuestro planeta:

En Silicon Valley está totalmente instaurada la existencia de sesiones en la playa de *brainstorming* de ideas locas.

Los trabajadores llegan a decir ideas que a primera vista pueden parecer unas absolutas tonterías, pero que moldeándolas dan lugar a productos innovadores que son lo que han hecho de esa industria la más importante del planeta, lo que son palabras mayores.

Claro está que para hacer un *brainstorming* que sea efectivo, debe haber el más escrupuloso respeto a cualquier idea que se ponga sobre la mesa, por muy loca que en un principio parezca.

Esa es la clave por lo que esta industria lidera hoy el mundo: el respeto entre los profesionales de la empresa, independientemente del rango o departamento de los mismos.

Otro ejemplo importante de tener la mente abierta a cambios es el siguiente:

Hace varios años, dos jóvenes se acercaron a las oficinas de Yahoo, el gigante de internet que dominaba la red hace dos décadas.

Los jóvenes les enseñaron un algoritmo que podía alcanzar cierta potencia para encontrar *webs* por parte del internauta.

Yahoo, desde su liderazgo absoluto, más bien les vino a decir a los chavales que muy bien, pero que no veían absolutamente nada de interesante en ese buscador.

Los chavales siguieron buscando financiación para su proyecto, lo consiguieron, pusieron su empresita, pocos años más tarde monopolizaron el mercado y Yahoo se volvió un portal irrelevante.

Esos chicos eran Larry Page y Sergey Brin, los fundadores de Google.

Moraleja: algo haya funcionado muy bien durante años, no implica que sea lo mejor en los años venideros, por lo que manténgase en permanente estado receptivo de nuevas propuestas.

Creo importante terminar este capítulo poniendo el acento en el esfuerzo que se está realizando en el desarrollo del salario emocional y la conciliación de la vida profesional y personal.

En dos encuestas recientes de Randstad y Hays, los trabajadores encuestados mostraron las principales motivaciones que tienen de sus trabajos.

En la primera, quedó claro que los motivos que más influyen en la satisfacción de los candidatos son las condiciones económicas, la seguridad laboral a largo plazo y un ambiente de trabajo agradable.

En la segunda, los encuestados dejaron claro que los motivos que más influyen en su satisfacción son, aparte del salario, la formación, la promoción y el reconocimiento, la autonomía y la responsabilidad (poder compartir ideas y opinión) y... el ambiente.

Como pueden ver en ambas encuestas, aparte del salario, predominan aspectos que hacen referencia a sentimientos y emociones; de ahí que hoy en día los departamentos de RRHH se están reinventando para fidelizar a los trabajadores, no solo por aspectos económicos, sino también por aspectos emocionales.

La sensación es que los jóvenes que se incorporan al mercado de trabajo son más propensos a esos aspectos emocionales que lo han sido las generaciones anteriores, por lo que en un futuro muy próximo estos aspectos serán tan importantes como los salariales.

Aun así, les dejo una cuestión para que la analicen: ¿qué valoran más ustedes, un gran salario emocional o la emoción de un gran salario?

Retribución del administrador de la empresa

La retribución del administrador de una empresa ha sido una de las áreas más controvertidas en los últimos años a la hora de determinar su régimen fiscal.

El administrador puede ejercer sus funciones de gerencia de manera gratuita o remunerada.

Si se elige la opción remunerada

Debe quedar registrada la decisión en las escrituras de la sociedad, porque de no hacerse así la empresa no podrá deducirse en el impuesto de sociedades los honorarios que abone al administrador por ejercer las funciones inherentes a ese cargo.

Se deberá incluir en los mismos, al menos en empresas cotizadas, aparte de la cantidad fija, la retribución variable en forma de reparto de beneficios, entrega de acciones, *stock options* y sistemas de ahorro a largo plazo (normalmente seguros de ahorro) que se han acordado en junta general de la empresa.

Si no se hace como les estamos diciendo, ya dejó claro la sentencia del Tribunal Supremo de 13 de noviembre de 2018, que no podrá deducirse en el impuesto de sociedades las cantidades abonadas a los miembros del consejo de administración, por sus actividades de dirección, gestión y representación. En fin, revísenlo por favor.

Por otro lado, el artículo 217 de la ley de sociedades de capital establece las diferentes formas en las cuales se puede remunerar al mismo, que son:

— Una asignación fija
— Dietas de asistencia
— Participación en beneficios
— Retribución Variable con indicadores de referencia
— Remuneración en acciones vinculada a su referencia
— Indemnizaciones por cese no motivado, por incumplimiento de las funciones de administrador.
— Sistemas de ahorro o previsión que se consideren oportunos

Es oportuno aclarar el tercer punto de reparto de beneficios.

En el caso de una sociedad limitada, no se podrá exceder el 10 % de los beneficios repartibles entre socios.

En el caso de una sociedad anónima, la participación se debe detraer de beneficios líquidos, una vez cubiertas las reservas legales y estatutarias, así como haber abonado un dividendo del 4 % a los accionistas o el tipo más alto designado en estatutos.

Todos estos honorarios por condición de administrador son retenidas a un tipo impositivo de un importante 35 %, salvo para aquellas empresas que facturen menos de 100 000 €, en las que se reduce la retención a un 19 % (véase consulta vinculante CV0623-18).

¿Pero y si el socio, que es administrador, también ejerce otras funciones derivadas del trabajo diario normal como cualquier otro trabajador?

Si también ejerce esas tareas, la retención será la equiparable a la de cualquier otro trabajador, es decir, se establece en función de la cantidad que percibe y en función de su situación personal y familiar, es decir, como ocurre a cualquier trabajador con contrato laboral.

Habría que ir a la *web* de Hacienda para calcular el tipo de retención en función de esos parámetros.

Administrador que no tiene cargo remunerado, pero que presta un servicio profesional a la empresa

En este caso, la ley entiende que serían gastos deducibles para la sociedad los honorarios abonados al mismo por los servicios prestados, mientras que para el socio, sería un rendimiento de actividades económicas y no del trabajo, por lo que la retención sería de un 15 % con carácter general.

Así pues, y resumiendo, podemos encontrarnos con tres tipos de escenarios. Socios administradores que perciban:

— Una remuneración por ejercer la gerencia de la misma (retención 35 % o 19 %).

— Unos honorarios como cualquier trabajador, por ejercer determinadas funciones dentro de la empresa (retención en función de cantidad y situación familiar y personal).

— Percibir ingresos facturando a la empresa por prestar servicios profesionales (retención del 15 % con carácter general).

Ante este complicado escenario, y como el cargo de administrador suele tener unos ingresos altos, se hace necesario aplicar más que nunca todas las bonificaciones posibles que la legislación nos permite.

Cuando vemos en el periódico que determinado CEO o directivo de una empresa del IBEX-35, tiene como compensación (es decir retribuciones totales), un millón de euros al año ¿creen ustedes que va a percibir vía monetaria en ese año el millón de euros tributando al 45 %?

¿Creen que va a desembolsar a Hacienda más o menos 450 000 € al año habiendo otras opciones mencionadas anteriormente, como los sistemas de ahorro y previsión, o entrega de acciones que le suponen un ahorro fiscal significativo?

Creo que habrán entendido el por qué hay que planificar ese asunto.

41

El caso particular de las sociedades limitadas profesionales

Este es un caso particular, porque estas sociedades realizan las actividades calificadas como profesionales.

Estas actividades están incluidas en la sección segunda de la tarifas del IAE, donde por poner algunos ejemplos, aparecen las siguientes profesiones: ingeniería, medicina, biología, química, arquitectura, agentes comerciales, agentes de seguros, economistas, abogados, informáticos, matemáticos y un largo etcétera.

En este caso, el socio deberá emitir una factura a la sociedad para cobrar sus honorarios, incluyendo el IVA correspondiente.

La retención normalmente será de un 19 % o de un 15 %.

Muchos de ustedes tendrán algún familiar o amigo que tiene una empresa; que es, por ejemplo, ingeniero, y sin embargo tiene nómina y no factura a la misma, como hemos dicho unas líneas más atrás.

Entramos en un área que he dado mucha controversia, dada la dificultad de determinar cuándo es y cuándo no es una sociedad profesional.

No obstante, no han sido pocos los casos de algunos casos de personajes públicos que han tenido problemas con Hacienda por estas circunstancias.

Volviendo al análisis de este tipo de entidades, estas se caracterizan por tener incluido en el objeto social únicamente una actividad que es precisamente la de la profesión que ejercen el/los socio/s de la misma.

En los casos en los que una sociedad no ha sido constituida como profesional, pero en el que uno de los socios presta servicios profesionales a la misma, debe atenderse a la siguiente línea de interpretación.

La consulta vinculante 2650-14 de la Dirección General de Tributos viene a explicar los aspectos que valorará para determinar la naturaleza de las retribuciones, que debe valorar individualmente.

Cuidado con este tema, porque yo precisamente le comenté eso a un cliente mío y me dijo que su asesor lo tenía todo controlado.

Mi cliente lo comentó con sus otros socios, pero no prestaron atención a mis consejos.

Pocos meses después, tras unos problemas internos de estrategias de la compañía con uno de los socios, este les exigió una cantidad exorbitante para venderles sus participaciones.

Tras no llegar a un acuerdo, este les denunció a sus propios socios, precisamente utilizando el argumento que le había advertido yo a mi cliente sobre el asunto de la no facturación a la sociedad como exige la regulación de las sociedades profesionales.

Tras un sinfín de problemas llegaron a un acuerdo de venta de las participaciones por un valor de la nada despreciable cantidad de 600 000 €.

Fiscalidad bonificada de la extinción de la relación con administradores de empresa (laboral, común o mercantil)

Cualquier retribución generada en más de dos años o generada de manera irregular tiene derecho a una exención del 30 % en IRPF, imponiéndose como límite un total de 300 000 € sobre los que aplicar la exención.

Eso lo veremos más profundamente en los capítulos posteriores.

Límites específicos

Se establecen otros límites específicos para el caso particular de las indemnizaciones a administradores y miembros de consejos de administración u otros órganos representativos, por extinción de la relación laboral, común o especial, o de la relación mercantil que les une.

Los arts. 18.2 ley IRPF y 12.1 reglamento, regulan los rendimientos calificados como obtenidos de forma notoriamente irregular en el tiempo.

En estos casos, a partir de 1 de enero de 2013 se establecen los siguientes límites específicos adicionales para la aplicación de la reducción del 30 por 100, quedando el siguiente cuadro:

Cuantía rendimientos trabajo irregulares	Límites a aplicar la reducción del 30%
700 000 € o menos	300 000 €
Entre 700 000,01 y 1 000 000 €	300 000 - (RT – 700 000)] (*)
Más de 1 000 000 €	0 €

(*) RT es el sumatorio de los rendimientos del trabajo procedentes de una misma sociedad, o de empresas del grupo empresarial.

Previsión de la indemnización

Si nos encontramos con la necesidad de hacer frente a un fuerte desembolso ante el cese de un administrador, es recomendable haber previsto esto con la suficiente antelación como para haber ido dotando recursos poco a poco a una entidad externa (aseguradora) que exteriorice el compromiso adquirido en caso de cese entre empresa y administrador.

El problema de la cotización de la Seguridad Social de los administradores y socios trabajadores

Vamos a resumir el laberíntico esquema que la legislación nos ha deparado para encuadrar el régimen de la Seguridad Social en el cual hay que cotizar.

Todos tenemos claro que si eres un trabajador por cuenta ajena se debe cotizar por el régimen general de la Seguridad Social.

Si eres socio trabajador, también se debe cotizar por el régimen general de la Seguridad Social.

Pero aquellos socios trabajadores que además son miembros de órganos de administración con funciones de dirección y gerencia, tienen el siguiente esquema:

— Si están retribuidos y tienen el «control efectivo», deben cotizar como autónomos.

— Si están retribuidos y no tienen «control efectivo», deben cotizar en el régimen general asimilado, es decir, aquel que no protege por desempleo ni por FOGASA.

Aquel socio que, no perteneciendo a ningún órgano de administración de la empresa, sí posee el «control efectivo» de la misma (el cual puede ser demostrado por las autoridades), tendrá que cotizar como autónomo.

Y, ¿cuando se entiende o se presume que un socio que no está en el órgano de administración tiene el «control efectivo» de una sociedad?

— Se entiende que es así cuando tenga como mínimo el 50 % del capital.

— Se presume cuando la mitad del capital social está distribuido entre cónyuge, consanguíneos, afines y adoptados hasta segundo grado con los que convivan.

— Se presume cuando tenga más de un 33 % del capital.

— Se presume cuando tenga más de un 25 % del capital y además tenga funciones de dirección y gerencia.

Ante semejante escenario, es lógico que existan problemas para encajar cuál es el régimen en el que tienen que cotizar los administradores y socios trabajadores.

En la pyme, el escenario más habitual que nos vamos a encontrar, dado el anterior esquema, es que el administrador cotiza como autónomo en el RETA.

El problema que deben considerar los administradores de las pymes, viene derivado de que, según los datos que nos llegan de entidades como el INE, la inmensa mayoría de los administradores de pymes cotizan en base mínima a la Seguridad Social.

Eso supone también coberturas mínimas:

Mínima pensión de jubilación, mínima pensión de viudedad para su cónyuge o pareja de hecho, mínima pensión de orfandad para sus hijos, mínima pensión por invalidez, etc. En definitiva, un panorama desolador.

Es difícil decirle a un empresario con veinte trabajadores que tiene unos costes totales de, por ejemplo, 600 000 €/año, que cotice en mínimos y que, si se queda inválido, le quedarán algo más de 700 €/mes de por vida.

Hace un par de años, visitando a unos de mis clientes, una empresa familiar ya por la segunda generación llevada por cuatro hermanos, me encontré un caso curioso de desiguales coberturas de las seguridad social para uno de ellos.

El padre había fallecido, y los cuatro hermanos junto a la madre tenían distribuido el capital social.

Los cuatro hermanos tenían la misma retribución como socios trabajadores, pero una de las hermanas se dedicaba, aparte de sus funciones como trabajadora, a gestionar y dirigir la empresa, mientras que los otros tres solo ejercían sus labores como trabajadores. Por tanto, el hermano encargado de la gestión y dirección de la empresa estaba cotizando en el régimen general asimilado, es decir, les habían asesorado correctamente, según marca la legislación.

Cuando me comentó eso el cliente, les dije que creía oportuno que valoraran en la familia que ella, en caso de cierre de la empresa, no iba a tener ninguna prestación por desempleo, y que tampoco tenía protección por el FOGASA, mientras que el resto de sus hermanos, en caso de cierre, gozarían de la máxima protección por desempleo por el INEM, dadas sus nóminas.

Al ver el problema, decidieron todos poner en marcha un seguro de ahorro por parte de la empresa, que protegiera a su hermana en caso de cerrar, y equiparar así la prestación de desempleo para los cuatro hermanos.

Bonificaciones fiscales de las retribuciones en especie

La ley establece unas particularidades para aquellos bienes, derechos o servicios que puede entregar o suministrar el empresario al trabajador.

La regulación de las retribuciones en especie se caracterizan principalmente por tener una serie importante de ventajas fiscales para el perceptor de las mismas.

Ello hace que la empresa puede utilizarlo como incentivo, premio o fidelización a determinados trabajadores, y para aquellos que tienen unos ingresos altos, es una potente arma de optimización fiscal de la retribución.

No obstante, debemos advertir que existe un límite máximo de un 30 % de la retribución total, que puede venir articulada mediante retribuciones en especie.

Como veremos, existe una amplia gama de retribuciones en especie, por lo que aquellos trabajadores que quieren optimizar la factura fiscal, deben de elegir individualizadamente cuáles son las que más le interesan, sin sobrepasar el límite del 30 % comentado anteriormente.

Previamente vamos a definir qué es una retribución en especie, regulada en el artículo 42.1 LIRPF, que básicamente viene a decir que será «aquella utilización, consumo u obtención, para fines particulares, de bienes, derechos o servicios de forma gratuita o por precio inferior al normal de mercado».

En definitiva, el trabajador no recibe prestación en moneda.

Si recibiera el dinero para posteriormente contratar personalmente el bien o servicio, entonces no habría exención alguna, es decir, no aprovecharíamos los beneficios de la legislación.

Aun así, hay un hecho particularmente beneficioso para el trabajador, que es aquella prestación que la ley ni siquiera considera como retribuciones en especie. Veámosla:

Retribuciones en especie que no constituyen rendimientos del trabajo

Existen varias retribuciones en especie que ni siquiera son consideradas rendimientos del trabajo. Es decir, son disfrutadas por el trabajador y no se deben incluir en el IRPF.

Esto supone una exención en IRPF del 100 % de la mismas.

Son las siguientes:

a. **Formación**: Regulado en el siguiente artículo, donde recoge el tipo de formación que tiene la ventaja fiscal comentada.

Gastos de estudio para la actualización, capacitación o reciclaje del personal empleado (Art. 44 reglamento IRPF).

No puede ser cualquier tipo de formación, sino aquella necesaria para la actualización o reciclaje del personal, y que sea necesaria para el desarrollo de su actividad. Tiene todo el sentido esta medida por parte del legislador, ya que, como habíamos comentado en la primera parte del libro, es una de las medidas que necesita la pyme española: potenciar la productividad de los empleados a través de programas de formación continua.

La formación puede ser impartida por personal interno de la empresa, por entidades externas especializadas o por formadores externos.

La empresa debe hacer un plan de *marketing* interno que traslade a los empleados que es una compañía que apuesta por la excelencia, que capacita al empleado a un nivel óptimo, que lo hace de manera absolutamente gratuita y que hace un esfuerzo económico en ellos porque apuesta por una relación duradera y estable.

Les pongo como ejemplo un caso que me ocurrió personalmente hace un año y medio, cuando se tenía que dar cumplimiento a la nueva ley MIFID II para distribuir productos de inversión en todas las entidades financieras, bancarias sociedades y agencias de valores, aseguradoras, etc.

Estuve viendo varios sitios donde realizar la acreditación oportuna ajustada a la nueva ley, siendo el mínimo de matrícula que vi de aproximadamente 900 €.

Al final no hizo falta, ya que la empresa decidió pagar los cursos, con lo cual no se me repercutió el gasto de la empresa como retribución en especie, al ser formación necesaria para cumplir la citada ley MIFID II.

La pregunta es: ¿cuánto habría supuesto si lo hubiera pagado de su propio bolsillo un trabajador, con un tipo marginal impositivo del 45 %? Pues la nada despreciable cifra de 1636 €. Todo un ahorro.

Por otro lado, también se incluyen como no sujetos a gravamen las siguientes retribuciones en especie en forma de seguros:

b. Seguro de accidente laboral.

c. Seguro de responsabilidad civil sobrevenido por su ocupación laboral. Estos no están sujetos a gravamen, a mi parecer de manera acertada, dadas las cuestiones tan sensibles que cubren.

En definitiva, que si siguiéramos echando números nos iríamos fácilmente a más de 2000 € no sujetos a gravamen si la empresa nos pagara los tres conceptos mencionados.

Pasemos a ver la regulación de las bonificaciones fiscales para el resto de retribuciones en especie.

Exenciones fiscales de servicios al empleado como retribuciones en especie

Existe una variadísima gama de servicios cotidianos que están exentos en IRPF.

Servicios cotidianos como el gasto en comida, el transporte a la oficina, servicios de guarderías para los hijos, instalaciones deportivas o los gastos de formación de los hijos suponen a todas las familias unos gastos más que significativos.

Les puedo asegurar que poner en marcha dentro de la retribución toda esta gama de servicios supone para el empleado una gratificación importante, unas armas de fidelización potentes, a lo que se tiene que unir el fantástico tratamiento fiscal de los mismos.

Marketing interno de primer nivel, para tener empleados que sientan un especial sentimiento de orgullo por pertenecer a una empresa sensible.

Veámoslas:

a. **Entrega a empleados de productos a precios rebajados que se realicen en comedores de empresa o economatos de carácter social.**
Para ello existen fórmulas directas e indirectas.
Las directas son aquellas realizadas a través de comedores de empresa durante los días hábiles de trabajo.

Las indirectas establecen una cantidad exenta en el 2019 de 11 €/diarios en vales de comida, siendo el resto retribuciones en especie.

¿Saben cuantos días laborales tiene este año 2019?

Son un total de 251 días, lo que hace tener un total de 2761 € en vales de comida exentos, lo que supone un ahorro fiscal importantísimo.

Imaginen el caso de un trabajador con un máximo de tipo impositivo del 45 %.

La remuneración bruta necesaria para pagar de su bolsillo los 2761 € mencionados anteriormente ascendería a 5020 €, por lo que ello está suponiendo un incremento de renta neta del trabajador hoy de 1242 € cada año.

b. **Uso de servicio sociales y culturales del empleado.**

En este caso incluimos una variada gama de servicios que deben estar homologados por la Administración Pública.

Entre ellos caben distinguir guarderías, contratación de servicio de primer ciclo de educación infantil, clubs sociales, gimnasio e instalaciones deportivas, etc.

c. **Prestación de servicios de educación a los hijos de los empleados en centros educativos autorizados.**

Está exenta la prestación del servicio de educación preescolar, infantil, primaria, secundaria obligatoria, bachillerato y formación profesional por centros educativos autorizados, a los hijos de sus empleados, bien sea gratuito o prestado por precio inferior al normal del mercado.

d. **Prestación del transporte colectivo de viajeros con el fin de favorecer el traslado de los trabajadores desde el centro de trabajo a sus residencias.** En este caso se establece un límite de 1500 € exentos, que supone quitar los días de vacaciones 6.5 € diarios para desplazamientos exentos, lo que equivale a un tipo de retención estándar de un trabajador de renta media en España del 20 %, que nos dan algo más de 8€/día para transporte de ida y vuelta al trabajo.

Existe una consulta vinculante, la V2231/2010 de 7 de octubre, por cual se entiende que es válida para tener derecho a la exención la opción de suministrar al empleado de un abono transporte que cubra las zonas entre la residencia y el lugar de trabajo.

Bonificaciones fiscales de los seguros de salud como retribución en especie

Es sin duda, el beneficio social más valorado por los trabajadores.

Primero, porque siempre, antes o después, va a ser utilizado.

Segundo, precios notablemente más bajos si son contratados por la empresa que si cada uno de nosotros lo contratamos de manera individual, además de contar con la posibilidad de tarifas planas hasta la edad de jubilación y normalmente sin copagos por el uso de los servicios médicos.

Tercero, porque se utiliza en unas connotaciones en las cuales estamos delicados emocionalmente, por lo que vemos que gracias a que la empresa me paga un seguro de salud, tengo acceso a servicios médicos de manera rápida y cómoda.

Esto está muy valorado hoy en día, en un momento en el que uno puede pasar un tiempo importante en las listas de espera de la Seguridad Social para ser atendido por un especialista.

Capacidad de decidir médico, hospital, centros de reconocido prestigio, atención en el extranjero, etc., son también cualidades más que valoradas por el trabajador.

Por no decir aquellas pólizas de reembolso que suponen el poder elegir servicios sanitarios del más alto reconocimiento, incluso a nivel internacional.

Pero el cuarto motivo, la exención fiscal, tiene una valor importantísimo.

Según la legislación fiscal actual, están exentos los primeros 500 €/año por persona, incluyendo al cónyuge e hijos.

La consulta vinculante V0658/2014 de 11 de marzo, interpreta que aunque los hijos no formen parte de la unidad familiar, deben ser incluidos a la hora de establecer las exenciones.

Esto supone que una familia media de cuatro personas, tenga 2000 €/año exentos en IRPF, lo cual supone una ventaja fiscal importante.

Para que un trabajador con un tipo impositivo marginal del 45 % contrate de manera personal el seguro y pague, por ejemplo los citados 2000 €/año, tiene que utilizar 3636 € de su retribución bruta antes de impuestos.

De esta manera solo utilizaría para el seguro los 2000 € mencionados. Los 1636 € restantes tributarían al 45 %.

¿Cuanto ganaría el trabajador por la exención?

La renta neta después de impuestos, en este ejemplo, para un trabajador con altos ingresos subiría 900 € cada año. Un lujo.

Para el caso de personal que se desplaza periódicamente al extranjero a realizar trabajos esporádicos o aquellos que dirigen centros en el extranjero de empresas españolas y que están expatriados, sin duda alguna esto debe ser lo primero que debe contratar la empresa para ellos.

Lo digo por propia experiencia. Mi pareja tiene a su familia viviendo en Miami. Un año fue a pasar ella unos días en época navideña, mientras que yo me quedé aquí por motivos de trabajo.

Ella tuvo un proceso gripal en Miami, con una fuerte fiebre, por lo que su familia la acercó a una clínica para ser atendida.

Tras unas tres horas con medicación intravenosa le dieron el alta, siendo la factura de 945 $. ¡Casi nada! En estos casos te das cuenta del valor de este tipo de seguros.

Finalmente, debemos incluir en estos seguros, con las mismas ventajas fiscales, aquellos seguros que indemnizan al trabajador en caso de baja laboral.

Es frecuente ver convenios colectivos que establecen la obligatoriedad de cubrir el 100 % de la base reguladora si el trabajador está de baja laboral.

Si es una baja por accidente de trabajo, incluyendo los ocurridos *in itinere* (yendo al trabajo) o por enfermedad profesional, se paga desde el primer día el 75 % de la base de contigencias profesionales.

Si es una enfermedad común o accidente no laboral el que propicia la baja, la indemnización empezará a abonarse desde el cuarto día, cubriendo el 60 % de la base por contingencias comunes, y desde el vigésimo día por el 75 % de la misma.

De ahí que recomendemos cubrir los convenios con seguros complementarios en aseguradoras y comunicar eficazmente a los empleados que la empresa tiene como valor prioritario cumplir con el convenio y proteger a sus empleados.

De ahí que el *marketing* interno a través de una estrategia de comunicación eficaz con los empleados sea una pieza vital para fidelizar a los trabajadores.

Por cierto, les cuento un chascarrrillo: estoy escribiendo algunos capítulos tras una baja que me produje hace una semana; pisé mal mientras bajaba un escalón y me hice un esguince de grado dos. El dolor era tremendo y el pie se me puso como una pelota. Unas personas que me vieron caer y me ayudaron, llamaron a urgencias para enviar una ambulancia.

Esta llegó a los diez minutos y me llevaron al hospital público más cercano a urgencias.

Me atendieron, me vendaron y me mandaron reposo. Hablé un momento con la persona del hospital que lleva los accidentes laborales para que le rellenara el parte de accidente laboral *in itinere*.

Me dijo que tenía que ir a la mutua de accidentes que tuviera mi empresa dentro de los primeros cinco días, dado que si no iba me repercutirían a mí personalmente los gastos de ambulancia y sanitarios por haberme atendido, ya que desde enero del 2019 es la mutua la que tiene que pagar al hospital en este caso.

Bonificaciones fiscales de vehículos y turismos como retribución en especie. Análisis del *renting* y *leasing*

En el caso de que la empresa decida facilitar a los trabajadores vehículos como retribución en especie, se dan una serie de circunstancias más que favorables que hacen que esta sea una de las más utilizadas en la actualidad.

No en vano, ya es interesante de por sí, porque supone un abaratamiento del precio de adquisición del vehículo.

No es lo mismo que mañana me acerque a un concesionario y pregunte por el precio de un coche, que a la semana siguiente me presente en el mismo lugar y le pida precio para quince coches de directivos y trabajadores de una empresa; seguro que el descuento es significativo.

Volviendo al análisis impositivo, tenemos que analizar varios efectos:

— El IVA del vehículo adquirido.
— El efecto en el IRPF del trabajador que lo utiliza.
— La cotización a la seguridad social por la retribución en especie en el trabajador.

Efectos en el IVA

Empezando por el IVA, recordamos que si un coche tiene un precio de 40 000, si lo compras de manera personal el coste total de adquisición será el precio más el IVA, que asciende a un 21 %, por lo que el coste total de adquisición sería de 48 400 €.

Adquirido a través de la empresa, el efecto del IVA puede verse reducido, para lo cual tenemos que analizar el artículo 95.3 LIVA.

Tenemos que distinguir dos tipos de vehículos:

Aquellos que están afectos 100 % a la actividad empresarial y profesional, porque son necesarios para el ejercicio de la actividad empresarial o profesional, como los vehículos mixtos de transporte de mercancías, transporte de viajeros, los utilizados por representantes o agentes comerciales, los utilizados en empresas de enseñanza de conductores, empresas de vigilancia, etc.

En este caso, es lógico que pueda el empresario deducir el 100 % el IVA soportado en la adquisición de los mismos, porque son bienes necesarios para la actividad.

La cuestión que se plantea es con aquellos vehículos que no son necesarios, pero que son adquiridos para parte de la plantilla como método de fidelización o reconocimiento en fórmulas conocidas como *leasing* o *renting*, y usados en sus desplazamientos tanto en horario laboral como en horario particular.

En este aspecto, la administración, para evitar una insatisfactoria interpretación de la ley, establece una presunción de afectación de un 50 % para el caso del IVA, siempre y cuando el vehículo esté afecto de algún modo a la actividad empresarial (consulta DGT V3057-14, de 07/11/2014).

Ello supone, en el ejemplo anterior, la devolución de 4200 € del IVA soportado.

Efecto en el IRPF

La Dirección General de Tributos, en la consulta vinculante V1503-18 del 4 de junio de 2018, para el caso de *renting* o *leasing*, se pronunció recientemente así:

«No son aceptables aquellos que se cuantifiquen en función de las horas de utilización efectiva o kilometraje, pues el parámetro determinante debe ser la disponibilidad para fines particulares».

La consulta determina que el valor de la retribución en especie derivada de la cesión de uso del vehículo es diferente según la empresa sea propietaria o no del mismo, siendo en el caso del *renting* o *leasing* el valor de la retribución en especie a incluir en la base imponible el 20 % del valor del vehículo de adquisición, incluyendo en este los gastos y tributos.

En el caso que venimos analizando, supondría como retribución en especie 9680 € cada año. Pero se nos olvida un cosa: hay que realizar un ingreso a cuenta en función del tipo de retención del cliente.

Para hallar el cálculo de la retención, Hacienda pone a nuestra disposición una *web* para calcularla.

Como Hacienda tiene en cuenta la situación laboral, personal y familiar del sujeto, el tipo de retención suele ser algo más pequeño que los tipos impositivos marginales.

Un ejemplo: una persona casada con dos hijos y un ascendente a su cargo, con una nómina de 30 000 €, tiene un tipo de retención del 12,34 %, por lo que la retribución total a imputar en el IRPF es de 10 874 €.

Esto en cinco años sería un total de 54 372 €, y en diez años sería un total de 108 745 €.

Vamos a comparar este efecto con la posibilidad de comprarlo personalmente el vehículo visto anteriormente.

Imaginemos que pido personalmente un préstamo a cinco años de 48 400 € para adquirir el coche. Si lo financio a un tipo de interés del 6 %, la cuota a pagar mensualmente sería de 936 €. Esto supondría un coste total en cinco años de 56 160 €.

Si veo excesivo el coste mensual, podría pedir el préstamo a diez años, con lo que la cuota sería de 537 €/mes, por lo que el coste total sería de 64 440 €.

Lo que ocurre es que estamos hablando de pagar esos préstamos con dinero propio, que tenemos en nuestras cuentas corrientes, es decir, después de haber pagado el IRPF, por lo que tengo que valorar cuanto supondría antes de pagar el impuesto.

Si estoy en un tipo impositivo marginal máximo del 45 % porque tengo una base imponible de más de 60 000 €, las cantidades de 56 160 y los 64 440 € deben ser pagados con una parte de la retribución bruta de

102 109 en cinco años y de 117.163 € en diez años, por lo que para un directivo con ingresos altos el *renting* y el *leasing* son un «chollo».

Para un trabajador con una nómina de 30 000 €, al tener un tipo marginal del 30 %, las cantidades equivalentes serían 80 228 y 92 057 € respectivamente.

No hemos añadido algunos aspectos no menos importantes, como el caso de que a los cuatro años en el caso de *renting* y *leasing* se adquiere un nuevo vehículo —evitando costes de reparación derivados de averías de vehículos de cierta antigüedad—, que en el *renting* está incluido seguro de coche o que el propietario puede revender el coche, aunque este es un bien con una depreciación bastante elevada.

Cotización a la seguridad social del *renting* o *leasing*

En este caso, por esta retribución en forma de *renting* o *leasing* se debe cotizar a la seguridad social, por lo que el trabajador no ve mermada su aportación a la misma, a no ser —como es lógico— que el trabajador ya cotice por base máxima a la seguridad social, que para el año 2019 asciende a 4070,10 €/mes, es decir, el equivalente a tener como mínimo unos rendimientos del trabajo superiores a 48 841,20 € al año.

Conclusión

No hay mucha duda si les digo que es un magnífico instrumento desde el punto de vista fiscal y también desde el punto de vista de premiar o fidelizar a un trabajador con un vehículo de una gama media o alta, cuya adquisición de manera particular supone cierto esfuerzo económico.

Fiscalidad reservada a fundadores o promotores como retribución en especie

Existe una interesante e incentivadora opción para aquellas personas que fundan o promuevan la creación de sociedades.

El artículo 27 de la TRLSC dice que estos podrán reservarse por un periodo máximo de diez años, una vez efectuadas la reserva legal oportuna, un tanto por ciento que no exceda de 10 % de los beneficios netos, articulándose mediante títulos nominativos distintos a las acciones.

En el momento de la entrega del título se considera retribución en especie, por lo que tributará al tipo marginal de IRPF de la persona, es decir, entre el 24 % y el 45 %.

Sin embargo, a partir del segundo año hasta su finalización tributará como rendimiento de capital mobiliario, lo que supone una tributación entre el 19 % y el 23 %, notablemente inferior.

El poseedor de estos bonos no tiene la condición de socio o accionista; simplemente otorgan un derecho a participar de los beneficios.

En un momento como el actual, en el cual se ha potenciado la figura del emprendedor y de la necesidad de mayor participación de la financiación privada en la constitución de la sociedad, como el caso de los *business angels*, puede ser un más que interesante instrumento.

Por tanto, es ideal para aquellos fundadores o promotores que no deseen tener una participación en el capital de la sociedad, y que se reservan un tanto por ciento de los beneficios.

Se deja así a los emprendedores que pongan toda su atención en el desarrollo de su idea empresarial, con la tranquilidad adecuada al no estar dependiendo de decisiones internas de otros socios que solo han puesto el capital.

Me viene a la mente el caso de Steve Jobs y Steve Wozniak, que fundaron Apple, y tras necesitar algo de financiación la encontraron cuando Mike Markkula puso 250 000 €, quedándose con un tercio del capital de la misma y pasando a ser CEO.

Dos años después Markkula puso como nuevo CEO a John Sculley, que fuera presidente de PepsiCo.

Wozniak abandonó Apple porque el crecimiento de la empresa evitaba que la toma de decisiones las tomaran entre Jobs y él, como siempre había sido desde un principio.

Tras dos años liderando Apple, Sculley y Markkula consiguieron sacar a Steve Jobs de la compañía.

Si Steve Jobs y Steve Wozniak hubieran tenido la mayoría de las acciones de la empresa, no hubieran tenido que pasar por ello.

Apple evolucionó negativamente y empezó su declive, hasta que tras un proceso intenso de negociaciones consiguieron traer nuevamente a Steve Jobs, quien conseguiría convertirla en la empresa mas valiosa del planeta.

Bonificaciones fiscales de la vivienda como retribución en especie

En este caso debemos distinguir dos casos; uno es aquel en el que el propietario del inmueble es la empresa, y la otro es que la empresa no lo es.

Si la empresa es propietaria del inmueble donde reside el trabajador la retribución en especie sería la resultante de aplicar un 10 % al valor catastral del inmueble con carácter general o un 5 % para aquellos municipios que han revisados los valores catastrales o bien que no disponen de valoración catastral.

La valoración resultante no podrá ser mayor que el 10 % del resto de retribuciones del empleado.

Si la empresa no es propietaria del inmueble, la retribución en especie será el valor de lo que paga por ella incluido los tributos, sin que por ello se impute menor cantidad que si hubiera sido en el caso anterior.

La gracia de la cuestión —que es mucha— resulta de que estamos hablando de imputar cantidades que toman como referencia el valor catastral de los inmuebles, y todos sabemos en este país la importante disparidad entre los valores catastrales y los valores de compra, por no hablar de los altos costes hipotecarios derivados de financiar la compra con altas duraciones de las mismas.

Ello implica un ahorro importante en costes.

Fiscalidad de gastos y dietas para viajes

El art.17.1 LIRPF regula las exenciones fiscales de gastos de locomoción, manutención y estancia en hoteles para viajes fuera de la oficina, fábrica,taller o centro de trabajo, necesarios para realizar el trabajo, sea o no en el mismo municipio donde reside el centro habitual de trabajo.

Esto no incluye los gastos en que incurre un trabajador en ir a la oficina, fábrica, etc., desde su domicilio.

Asignaciones para gastos de locomoción exceptuadas de gravamen

La legislación distingue dos escenarios:

— Si el empleado o trabajador utiliza medios de transporte público, el importe del gasto que se justifique mediante factura o documento equivalente estará exento.

— En otro caso, siempre que se justifique la realidad del desplazamiento, la cantidad que resulte de computar 0,19 euros por kilómetro recorrido, más los gastos de peaje y aparcamiento que se justifiquen.

Asignaciones para gastos de manutención y estancia en establecimientos de hostelería exceptuadas de gravamen

Los gastos de manutención y estancia en restaurantes, hoteles en municipios distintos del lugar de trabajo y de su residencia no están sujetas a gravamen.

Se pone como límite los nueve meses en estancia en un mismo lugar. A partir de ese momento no habrá exenciones fiscales.

Como normas generales se aplican las cantidades que aparecen en el cuadro siguiente. El exceso sobre las cantidades indicadas está sujeto a gravamen como rendimiento del trabajo.

Pernoctando en municipio distinto	España	Extranjero
Gastos de estancia, con carácter general	El importe de los gastos que se justifiquen	
Gastos de estancia (transporte de mercancías por carretera sin justificación de gastos)	15,00 euros/día	25,00 euros/día
Gastos de manutención	53,34 euros/día	91,35 euros/día

Sin pernoctar en municipio distinto	España	Extranjero
Manutención, con carácter general	26,67 euros/día	48,08 euros/día

En España, salvo aquellas empresas que se dedican al transporte de mercancías, es difícil encontrar una empresa que a las personas de su departamento comercial le compense con semejante ahorro fiscal.

Dedicando algo de atención a este asunto se puede lograr que el trabajador valore enormemente el ahorro fiscal que le supone la implementación de esta política.

Premios en forma de viajes o convenciones

Estamos ante unos de los premios favoritos con los que se puede premiar el éxito de la puesta en marcha de una nueva línea de negocio, la consecución de determinada facturación o la consecución de una determinada antigüedad en la empresa.

Si se da como premio un viaje al trabajador para que lo disfrute en compañía de su familia, la empresa tiene dos opciones de imputarlo fiscalmente:

- Como retribución en especie, pagándolo la empresa directamente con el ingreso a cuenta respectivo.
- Incrementando la retribución bruta del trabajador en la cantidad del viaje.

Fiscalmente no hay exenciones relevantes; la gracia de la cuestión vuelve a presentarse vía precio y vía exclusividad.

No es lo mismo que contrate yo un viaje personalmente en una agencia de viajes, a que lo haga mi empresa para cien trabajadores; el descuento puede ser más que significativo.

Por otro lado, hay empresas que regalan verdaderos viajes de lujo a quienes se lo han ganado, con el fin de dotar de cierta exclusividad del premio al trabajador que lo disfruta.

No podemos olvidar las convenciones que algunas empresas realizan para sus cuerpos directivos, departamentos comerciales o resto del personal.

Este tipo de convenciones pueden reforzar ciertas relaciones de compañeros, que interactúan en un ambiente mas personal, y la idea de unidad de la empresa.

Si la empresa se lo puede permitir y se hace un viaje de lujo, el mensaje que se envía al trabajador es indudablemente de músculo financiero por parte de la empresa, de empresa indudablemente solvente, dotando de un premio bien organizado, y que normalmente no se suele contratar personalmente, otorgando cierta exclusividad al mismo.

En este caso, la empresa suele imputarlo como retribución en especie, tal y como hemos comentado.

En definitiva, gusto, deferencia y fidelización que impregnará al trabajador el detalle de estos premios.

Retribuciones en especie de tarjetas regalo

Si lo que deseamos es la libertad de elección de la retribución en especie por parte de cada trabajador, este es el idóneo instrumento.

Fiscalmente no tiene exención en IRPF, y hay que hacer el ingreso a cuenta pertinente, pero la ventaja emocional del mismo es importante, y dado que hay que utilizarla, normalmente permite al trabajador «darse un homenaje», accediendo a algún producto que de otra manera no suele consumir.

Beneficios fiscales de *stock options*, *stock plans*, *phantom plans*, *unit linked* y *deferred bonus*

Allá por el 2003, empecé a trabajar en un línea muy definida de servicios para la empresa. Se trataba de implementar soluciones fiscales en las empresas desconocidas en nuestro país, pero muy desarrolladas en los países más avanzados.

Ocurría que la legislación no se había desarrollado totalmente y explícitamente para algunas de estas modalidades de retribución. Solo algunas de las más grandes empresas del país —no todas— habían decidido implantar este tipo de soluciones en sus empresas.

Me viene a la cabeza una frase del prestigioso gurú mundial del *management*, Peter F.Druker: «Donde hay un negocio de éxito, alguien alguna vez tuvo que tomar una decisión valiente». Estas fórmulas de retribución fueron llegando poco a poco en la empresas de nuestro país, siendo hoy en día las fórmulas más utilizadas en la gran empresa para la alta dirección por sus formidables exenciones.

Sin embargo, todavía no han llegado con la asiduidad debida a la pyme.

Estas fórmulas de retribución son las más idóneas para incentivar a la consecución de determinados objetivos a corto-medio plazo, por la potencia de sus exenciones fiscales, y son ideales para fidelizar el talento a medio-largo plazo.

Estamos por tanto ante unas grandes herramientas para incentivar la productividad. Para lograrlo, obviamente se deben fijar unos objetivos alcanzables, y ahí sí que entramos en un tema muy delicado jurídica y moralmente.

Existen multitud de sentencias y una firme jurisprudencia que a lo largo de los años ha ido marcando las líneas de lo que debe ser lícito en una retribución basada en objetivos.

Permítanme ser algo irónico pero, ¿sería lícito que mi superior me pusiera un *bonus* de diez millones de euros si dentro de un mes consiguiera yo correr los cien metros en cuatro segundos?

Las sentencias van en la línea de exigir un procedimiento para marcar unos objetivo similares a los de años anteriores.

Suelen exigir las sentencias —como viene a decir el profesor Todolí— que se pruebe que no son inalcanzables, que no hayan sido fijados de modo irrazonable, inidóneo, arbitrario o desproporcionado o con vulneración de la dignidad o de los derechos fundamentales de los afectados, o bien mediante el establecimiento de unas condiciones que ni siquiera dependan del esfuerzo de los trabajadores.

Pensemos en positivo, en que los empresarios quieren fidelizar a trabajadores implicados, y los trabajadores, recibir un generoso variable acorde a su esfuerzo. Analicemos las diferentes opciones.

Stock options

Las *stock options* —en español «opciones sobre acciones»— son un producto financiero derivado, por el cual se adquiere la opción, mediante el pago de una prima, de comprar el activo en el que esta recae, en este caso, acciones de la compañía, a un plazo determinado.

Tres características obtenemos de esta definición:

El activo subyacente son acciones, por lo que la empresa debe ser sociedad anónima.

La opción toma como referencia, para ser ejercitada, el valor de la acción en los mercados financieros, por lo cual solo es aplicable para empresas que cotizan en bolsa.

Recuerden que solo las treinta y cinco de mayor capitalización están en el IBEX-35, pero hay una cantidad bastante amplia de empresas que cotizan en las Bolsas de Madrid, Barcelona, etc.

Incluso en el caso de empresas tamaño pyme está el MaB, un mercado financiero creado algo más de una década para dotar de liquidez a este tipo de empresas.

Existe un plazo en el cual vence la opción, y el comprador decide si adquiere o no el activo subyacente, en este caso las acciones.

Si las acciones están a esa fecha de vencimiento, por encima del valor de cotización más la prima pagada en el momento de la compra, adquirirá las acciones obteniendo una plusvalía, porque así las podría vender en los mercados al día siguiente y «hacer caja».

Dado que son retribuciones a fidelizar a medio plazo, el vencimiento de las mismas se realizan normalmente a tres o cuatro años. Se permite así tener al trabajador incentivado y fidelizado por ese periodo de tiempo.

Pero la grandísima ventaja está en las exenciones fiscales:

— Por un lado, si me atribuyen un paquete máximo de 12 000 € en concepto de *stock options* o reparto de acciones, estará exento de retribución en IRPF.

— Si el ejercicio de la opción se ha ejercitado pasados más de dos años, sobre el total de la plusvalía se obtendrá un 30 % exento en IRPF, y hasta hace bien poco llegaron a tener exento el 40 %.

Se establecen asimismo dos límites para esta última exención del 30 %:

 – La cuantía a recibir no podrá exceder de 300 000 € (límite genérico).

- La cuantía a percibir no podrá superar la cuantía resultante del salario medio en el país por el número de años de generación del rendimiento (límite específico).

En cuanto a la manera de ejecución de obtener la liquidez de la operación, también hay dos posibilidades.

Si adquirimos las acciones, se considera retribución en especie, haciéndose el correspondiente ingreso a cuenta por parte de la empresa.

Si se adquiere el líquido por liquidación de diferencias de los valores de compra y venta de las acciones, el pago se realizará con la correspondiente retención.

Estamos sin lugar a dudas en una de las maneras de retribución de los ejecutivos de las empresas más grandes del país más importantes y atractivas, a causa de su fiscalidad. Y además, para la empresa es un chollo descomunal en cuanto al coste de las mismas.

Ello se debe a que son operaciones apalancadas, por lo que por un mínimo coste de la prima de emisión se pueden obtener elevadas plusvalías, lo que eleva de forma desproporcionada la rentabilidad de la operación.

Stock plans – reparto de acciones

El régimen fiscal es muy parecido al anterior de las *stock options*, aunque existen algunas particularidades, como por ejemplo:

Según la consulta vinculante V3291/2015, para la aplicación de la exención de 12 000 € anuales previstos en la ley sobre los rendimientos derivados de la entrega gratuita de acciones, en primer lugar se exige que los trabajadores beneficiarios de las mismas cumplan los siguientes apartados:

1. Que estén en activo.
2. Que la oferta de acciones se realice en las mismas condiciones para todos los trabajadores de la empresa y los mismos tengan un contrato indefinido y tengan establecida una retribución variable.
3. Se puede exigir un mínimo de antigüedad para tener derecho a su adquisición.
4. Que el trabajador y sus familiares hasta segundo grado no tengan más del 5 % del capital.
5. Mantener como mínimo las mismas tres años.

Phantom plans

Esta fórmula de retribución, conocida como «acciones fantasma», son idóneas para aquellas empresas que cotizan en bolsa, pero no desean ampliar el número de acciones.

Dense cuenta que las dos anteriores alternativas pueden hacer que el capital de una sociedad se vaya distribuyendo en un número importante de socios, y si la idea de la empresa no es esa, sería entonces la distribución de las *phantom plans* la idónea.

En el momento de emisión de las *phantom plans*, se fija la cotización de la acción de ese día como punto de referencia inicial, y el día en el que vence la *phantom* se tomará como referencia el valor de la acción en ese día.

Si la acción en ese periodo se ha revalorizado en un tanto por ciento, ese será el premio que recibirá el ejecutivo. Con ello se incentiva al mismo a desarrollar su función directiva de la mejor manera, de tal modo que la evolución de la cotización sea lo más favorable posible.

Dado que las cotizaciones de las acciones en los mercados financieros fluctúan por una multitud de variables, esta fórmula de retribución es más adecuada a acciones de empresas medianas, en las cuales se suele reflejar en la evolución de las mismas, más la evolución estratégica de la propia compañía.

Dado que es un contrato interno entre empresa y trabajador, es deseable la exteriorización del mismo en una póliza de una aseguradora, que efectivamente otorgue soporte jurídico al acuerdo y protección ante el incumplimiento por parte de la empresa.

Si han pasado más de dos años o se ha generado de manera irregular, entonces, igualmente al caso anterior, tendrá derecho al 30 % de exención en IRPF el líquido abonado al trabajador, con el límite de un máximo de 300 000 €.

Deferred bonus

Son la modalidad más flexible y más aplicada en la actualidad, ya que se puede aplicar a cualquier tipo de trabajador y en cualquier tipo de empresa, grande, pequeña, cotice en bolsa o no, etc.

Desde el punto de vista de la empresa, tiene la gran ventaja de ser gasto deducible en el impuesto de sociedades en el momento en que es recibido e imputado en el IRPF del trabajador.

Se debe pactar en un acuerdo el *bonus* a recibir en un plazo de años determinado por una causa explícita, lícita y alcanzable.

Las modalidades más habituales son, por poner algún ejemplo:

- La empresa pacta una retribución a medio plazo de un capital si el trabajador continúa activo en la empresa al finalizar el plazo (*bonus* fidelización).
- La empresa pacta una retribución a medio plazo de un capital si el trabajador termina determinado proyecto (*bonus* fidelización).
- La empresa pacta una retribución a medio plazo de un capital si el trabajador consigue un objetivo determinado, consensuado y posible (*bonus* por consecución de objetivos), como una facturación determinada, un incremento porcentual de ventas, etc.

Desde el 1 de enero de 2015 se han aclarado algunos puntos para que se conceda el 30 % de exención.

a. Que los rendimientos se generen en más de dos años o que se califiquen como irregulares.

b. Que se imputen en un único año.

c. Si existiera un rendimiento irregular para tener derecho a la exención fiscal, no deberá de haber habido otro irregular en los cinco años anteriores.

Deferred bonus en las startups

Creemos que hoy en día, cuando la figura del emprendimiento a través de las *startups* se ha potenciado de manera notable, es imprescindible la instauración de un *deferred bonus* para fidelizar a aquel trabajador vital en una pequeña compañía que está empezando, que no puede permitirse la subida rápida de los sueldos para retener el talento y que no dispone de un número suficiente de empleados como para suplir inmediatamente y sin merma de productividad la salida de uno de sus puntales.

Así pues, un *bonus* por fidelización potente a cinco años mínimo con una exención del 30 % por una cantidad máxima en IRPF de 300 000€, exteriorizada en una compañía que asegure el acuerdo, es un arma fantástica para que una *startup* consolide su proyecto.

Hagamos unos números como ejemplo

Imagínese un trabajador con una retribución fija medio-alta de 80 000 €, el cual todos los años tiene importantes incentivos por obtener determinada facturación pactada entre ambas partes, de un variable de 30 000 €.

Cada vez que obtiene el incentivo, los 30 000 € tributan al 45 %, por lo que Hacienda se lleva del *bonus*, cada año, 13 500 €.

En un total de tres años, habrá pagado a Hacienda por todos los *bonus* obtenidos, un total de 40 500 €.

La empresa decide plantear al trabajador la posibilidad de obtener el *bonus*, en vez de cada año, hacerlo a través de un *deferred bonus* a tres años, por un total de 90 000 €.

Para ello, la empresa decide provisionar la cantidad año a año en una póliza de seguros de ahorro, para tranquilidad y seguridad jurídica del trabajador, que es el beneficiario de la misma al vencimiento de la misma, que es el momento fijado en el acuerdo entre empresa y trabajador.

Una vez terminado el período y habiendo conseguido el trabajador el *bonus*, la aseguradora paga los 90 000 € al trabajador, expidiendo un certificado que justifica la obtención de un rendimiento irregular, y efectuando la pertinente retención de rendimientos de trabajo a favor de Hacienda.

El trabajador, al hacer la declaración de hacienda tendrá derecho a la exención del 30 %, lo que supone que 27 000 € salgan exentos.

El resto del dinero tendrá que tributar al tipo impositivo pertinente, en este caso también el 45 %, por lo que pagará a Hacienda 28 350 €. El ahorro fiscal para el trabajador ha sido en total 12 150 €. Un dineral ahorrado.

Unit linked para empleados

Estas fórmulas se han generalizado como idóneas para aquellos premios a largo plazo que buscan las siguientes características:

— Invertir en fondos de inversión buscando mayor rentabilidad.
— Poder cambiar de fondos en función de la evolución de los mercados financieros, evitando la tributación por el traspaso debido a que eso no se permite en el ámbito de la sociedad para el caso de los fondos de inversión.
— Individualizar el perfil inversor según preferencias del trabajador beneficiario de *unit linked*.

Dejando un plazo suficiente como para que se den unas importantes plusvalías gracias a la evolución favorable de los mercados financieros, el premio puede suponer un ahorro de costes importante para la empresa y un importante capital para el trabajador.

En definitiva, estas herramientas son un instrumento ideal de premiar al trabajador con una retribución variable fiscalmente bonificada.

Otro mensaje del gran Peter F.Drucker a los gestores de las pymes que tienen problemas para fidelizar a empleados o desean incrementar la productividad en algún área de la misma, es el siguiente:

«Si quieres algo nuevo, tienes que dejar de hacer algo antiguo».

Así que anímense a poner en marcha estos incentivos, que son un gran éxito en la gran empresa.

Fiscalidad de sistemas de previsión social empresarial

Si hay alguna noticia que se repite una y otra vez en los medios de comunicación son los problemas que va a tener la población española en materia de prestaciones de jubilación dentro de poco tiempo, así como la necesidad de que sea desde el ámbito empresarial desde donde se debe fomentar más aun este tipo de ahorro.

Ello se deja notar cuando nos comparamos con lo que ocurre en las empresas europeas, debido a que las aportaciones a sistemas de previsión social desde aquellas está mucho más desarrollado que en la empresa española.

En un capítulo posterior acogeremos la reestructuración patrimonial que tiene que efectuar una familia cuando llega el momento de la jubilación, pero en este capítulo que está usted leyendo compararemos las diferencias fiscales de los diferentes sistemas de previsión social ejecutados desde el ámbito empresarial.

Veámoslas.

Delimitando algunos conceptos

Cuando una empresa desea complementar las prestaciones que la seguridad social cubre a sus socios trabajadores, directivos o resto del personal laboral, estamos ante una medida de instaurar un sistema de previsión social empresarial.

Las coberturas que se desean cubrir con los mismos tiene pues, como fin, el de complementar las prestaciones en materia de jubilación, invalidez, fallecimiento, desempleo o dependencia del trabajador.

Para ello se instauró la legislación denominada «compromisos por pensiones», que da forma legal a los acuerdos entre la empresa y los trabajadores en las materias comentadas.

También puede implantarse un «compromiso por pensiones» por motivos legales o por convenio colectivos que recaigan sobre las materias comentadas.

Los «compromisos por pensiones» se deben instrumentalizar a través de productos externos en la empresa como son los seguros colectivos y los planes de pensiones de empleo.

Antes de ver el impacto fiscal de los mismos en el impuesto de sociedades y en el IRPF de las aportaciones, debemos de pararnos un momento y analizar otra exención fiscal de los mismos:

Exención en el impuesto de patrimonio

Si bien es cierto que es un impuesto que parece tener los días contados, y que goza de importantes exenciones en varias comunidades autónomas, todavía sigue siendo relevante en algunas, por lo que es necesario hacer una nota en favor de todo tipo de planes de pensiones, planes de previsión social empresarial o seguros colectivos de ahorro realizados desde la empresa para trabajadores.

En estos casos sigue siendo vigente la exención de los mismos al impuesto sobre patrimonio.

Es un hecho importante a valorar esta exención dado, que uno de los productos financieros estrella para personas que padecen este impuesto, los *unit linked*, que estaban exentos del mismo si a 31 de diciembre no tenían derecho de rescate, recibieron la dolorosa noticia a finales del año pasado de que sí estarán, a partir de ahora, sujetos al mismo.

Pasamos a ver pues las diferentes modalidades de previsión social, mientras que en un próximo capítulo de la reestructuración patrimonial tras la jubilación analizaremos el impacto fiscal de percibir los mismos.

Planes de pensiones de empleo y planes de previsión social empresarial

El art.14.2 del impuesto de sociedades establece que las aportaciones o contribuciones a los planes de pensiones de empleo realizadas por la empresa (llamado promotor en este caso), así como las realizadas a planes de previsión social empresarial serán gasto deducible.

En ambos casos, se debe imputar en el IRPF del trabajador la cantidad anual abonada.

Hay una limitación en la aportación anual a estos productos, bien provenientes desde la empresa, bien provenientes de aportaciones personales, que es la de 8000 €/ año como máximo.

Pero una cosa es aportación y otra es la desgravación.

Podremos desgravarnos la cantidad menor entre las siguientes, los 8000 € mencionados o el 30 % de la suma de rendimientos netos del trabajo y de actividades económicas.

Es decir, si he aportado 8000 €, pero tengo unos ingresos del trabajo de 24 500 € brutos, solo podré desgravarme este año el 30 % de 24 500, esto es 7350 €, pudiendo desgravarme en los cinco años siguientes los 650 € restantes que no he podido desgravar este año.

Algunas particularidades

1. La diferencia entre una y otra modalidad es que los planes de pensiones de empleo invierten el patrimonio en los mercados financieros con un determinado perfil, en función del reglamento del mismo.

Los planes de previsión social están constituidos mediante pólizas de seguros de ahorro con un tipo de interés técnico fijado.

2. Dado que es necesario legalmente la constitución de una comisión de control del plan, las pymes pueden adherirse a los planes de pensiones de promoción conjunta en los que ya está establecida la mencionada comisión.

3. Normalmente se suele exigir (depende de la decisión de la empresa) un mínimo de antigüedad para poder adherirse a los mismos (como máximo de dos años), con lo que se instaura como un premio por fidelización del trabajador.

4. Las comisiones de gestión de los planes de pensiones de empleo son notablemente más bajas que los que las personas contratan personalmente.

5. Si el trabajador se va de la compañía antes de la jubilación habrá que atender a las especificaciones del plan para ver si es trasladable a otro plan.

6. En caso de divorcio, no forma parte de la sociedad de gananciales, por lo que es un fantástico modo de proteger el patrimonio personal.

7. El año pasado se instauró la liquidez de los planes de pensiones pasados diez años, pero en el caso de planes de pensiones de empleo habrá que atender a las especificaciones de cada plan.

8. Si en la gran empresa está totalmente integrado, se estima que solo el 1% de la pyme lo tiene instaurado.

Seguros colectivos que cubren contingencias análogas

En el caso de que sean aportaciones o contribuciones a través de otra fórmula —en este caso seguros colectivos—, que cubran contingencias análogas (jubilación, fallecimiento, invalidez, dependencia), serán deducibles en el impuesto de sociedades, según el art.14.2 LIS, siempre y cuando:

— Las cantidades sean imputadas a las personas, por lo que estas tendrán que tributar en IRPF por ello como retribuciones en especie.

— Se transmitan los derechos de forma irrevocable a la persona su percepción.

— Se transmitan la titularidad y la gestión de los recursos en que consistan dichas contribuciones.

Si no se dan estos tres condicionantes no podrá imputarse en el IRPF y no podrá deducirse en el impuesto de sociedades las aportaciones.

La deducción fiscal en el impuesto de sociedades se dará cuando el trabajador se jubile, fallezca, quede inválido, etc., y se proceda a percibir las cantidades a las que se tiene derecho.

Al percibir las mismas por jubilación o invalidez por el trabajador, serán consideradas rendimientos del trabajo en el IRPF las cantidades que se percibe anualmente de las mismas, y estarán sujetas al impuesto de sucesiones si se perciben por fallecimiento.

Seguros colectivos de riesgo

Los seguros de riesgo son aquellos que cubren solamente las contingencias de fallecimiento e invalidez. En este caso la imputación es obligatoria en IRPF, considerándose gasto deducible en el impuesto de sociedades

La contratación de estos seguros se ha incrementado notablemente en los últimos años debido a que el precio es notablemente más bajo que si se contratan de manera personal.

El ahorro en coste se incrementa más aún si se contrata la modalidad «prima única», es decir, cubrir varios años a través de un pago único en el momento de la contratación. El descuento por pagar en un solo pago añade un plus de ahorro en costes.

Comentábamos en los primeros capítulos que las empresas grandes habían emprendido ya hace años el camino de la gestión y desarrollo de personas, con programas ambiciosos de desarrollo del talento y formación, adaptándose a la necesaria flexibilidad laboral o poniendo innovadoras decisiones favor de los empleados basadas en el concepto de «salario emocional».

Hemos empezado este capítulo hablando de soluciones para complementar la jubilación desde la empresa, algo que es un verdadero problema en nuestro país, pero todos estamos de acuerdo en que no hay mayor dolor que fallezca uno de los dos cabezas de familia, y si sucede con una edad relativamente joven del trabajador, los problemas monetarios que se va a encontrar el cónyuge supérstite y los hijos todavía en edad de estudio van a ser muy importantes.

Les pongo unos números

Un trabajador que tenga un nivel de vida alto y gane 80 000 €, casado, con un hijo de diez años y con un cónyuge que gane otros 21 000 €, con una hipoteca de 300 000 por la que pagan 1400 €/mes, y con gastos del niño por ir a un colegio privado de 400 €/mes.

La familia disfruta de unos ingresos netos de IRPF de unos aproximadamente 4675 € al mes por parte del cónyuge 1, y de 1750 € el cónyuge 2 (no tributa por tener menos de 22 000 € y no tener otros ingresos). En total son 6425 € al mes los que entran en las cuentas corrientes de esta familia.

Si falleciera la persona que gana los 80 000 €, la pensión de viudedad que le quedaría al cónyuge serían del 52 % sobre la base reguladora de cotización a la seguridad social.

No sería de un 60 % recientemente regulado desde el 1 de enero de 2019, ya que el cónyuge supérstite trabaja y percibe rendimientos del trabajo, lo que no permite percibir más del 52 %, que podría subirse un 5% por complemento de maternidad.

La pensión de viudedad sería la máxima, es decir, 1814 €/mes, y la pensión de orfandad por el hijo ascendería a aproximadamente 697 €/mes.

Los ingresos por el trabajo y por la pensión de viudedad y orfandad serían en total ahora de 51 138 €, siendo los ingresos netos de IRPF iguales a 3250 €/mes, que teniendo que pagar la hipoteca de 1400 €/mes y los 400 €/mes del colegio, dejarían para el resto del día a día 1450 €/mes.

El duro golpe emocional que sufre la familia vendrá acompañada de un descenso en la calidad de vida de los mismos.

En conclusión, creo que si se nos llena la boca por hablar de la estupenda gama de servicios para el desarrollo humano en la empresa o de los «salarios emocionales» que se están implantando en la empresa española, creo que debe inexorablemente incluir este tipo de protección.

Mayor desprotección

El problema más grave —lo hemos visto al principio del libro— se trata de cuando estamos hablando de aquel socio trabajador que gana los 80 000 €, lleva la dirección efectiva de la empresa —por lo que cotiza por autónomos—, que en un 85 % de los casos cotiza en bases mínimas.

Aquí la suma de las pensiones de viudedad y orfandad serían de aproximadamente 904 €/mes. Los ingresos netos de IRPF serían de aproximadamente 2161 €/mes, por lo que tras pagar la hipoteca y el colegio, les quedarían para vivir 361 €/mes.

Desolador.

Fiscalidad dispar en las prestaciones de los seguros colectivos de riesgo

Donde tenemos que detenernos, y muy seriamente, es en la fiscalidad de recibir la indemnización por parte de la aseguradora.

Si el trabajador fallece y la familia recibe una cantidad de 250 000 €, la cantidad percibida tendrá en este caso que pasar por el impuesto de sucesiones y donaciones, el cual está cedido a las comunidades autónomas, lo que conlleva importantes diferencias fiscales dependiendo del lugar de residencia del trabajador fallecido.

Por ejemplo, en Madrid, la fiscalidad es bastante reducida por la bonificación en cuota impositiva del 99 % que otorga la comunidad autónoma.

Un serio problema

Pero donde está el problema —y un duro problema— es cuando un ejecutivo contrata el seguro para cubrir también la invalidez en uno o varios de los grados que hay (total, absoluta o gran invalidez).

Ahí la fiscalidad es un tirano vestido de buen amigo. La prestación tributará como rendimientos del trabajo.

Hasta ahí no les impresionará mucho, pero claro, si les digo que tendrán que tributar entre el 24 % y el 45 %, empieza a ser un problema.

Y si ustedes contratan un capital estándar a percibir en caso de invalidez de, por ejemplo 150 000 €, estamos hablando de que Hacienda nos va a coger un buen pellizco, en este caso de 67 500 €.

¿Cuanto me quedará entonces para mí? 82 500 €, y yo me quedo imposibilitado de trabajar; todo un cúmulo de mala noticias.

Imagínense a esos altos ejecutivos de grandes empresas que se ponen seguros de vida de 1 000 000 €. En caso de fallecimiento la familia se quedará bastante bien protegida por la comentada bonificación del 99 % en cuota del impuesto de sucesiones, pero si el ejecutivo se queda inválido, a la familia le quedarán tan solo 550 000 €, porque Hacienda previamente ha «trincado» la no desdeñable cantidad de 450 000 €.

Un craso error, contratar esa contingencia de invalidez en esta modalidad de seguro. Lo peor es que casi todo el mundo contrata esta contingencia de invalidez en esta modalidad, pero claro, si nadie se lo explica...

Pólizas hombres-clave

Imaginemos que en una empresa existen varias líneas de negocio, cada una de ellas lideradas por grandes especialistas.

La empresa está haciendo un fuerte esfuerzo económico para que estos líderes se mantengan en la empresa.

Si uno de ellos falleciera o quedara inválido, la empresa vería como un duro revés el no tener más a ese ejecutivo en la compañía.

Este tipo de pólizas en realidad vienen a indemnizar a la propia compañía, para protegerla por el resentimiento en el negocio que se va a producir al no tenerle mas en la plantilla. Contrata el seguro y lo deduce en el impuesto de sociedades.

También es idónea para empresas familiares, para proteger a la familia que se quedará gestionando el negocio.

Por tanto, en ese caso no es un «compromiso por pensiones» para proteger al trabajador, de modo que no se debe tributar en IRPF por la prima que paga cada año la empresa.

La indemnización llegará de la aseguradora a la propia empresa, por lo que esta tendrá que tributar como rendimientos de capital mobiliario.

Seguros colectivos mixtos

Son aquellos que cubren simultáneamente las coberturas de fallecimiento e invalidez derivadas de los seguros de riesgo y las coberturas de jubilación y dependencia, derivadas de los seguros colectivos de ahorro.

De la prima total que paga la empresa, habrá una parte que irá a cubrir la parte de riesgo y otra a la de ahorro.

Desde enero de 2015, si la parte de la prima que va a cubrir la parte de riesgo es mayor de 50 €/anuales, entonces habrá que imputarse esa parte de riesgo al trabajador cada año.

Desde enero de 2013, si la aportación anual y por el mismo empresario es mayor de 100 000 €, será de imputación obligatoria en el IRPF.

Aunque meses después, la consulta vinculante V2083/2013 de 21 de junio matizó esta última característica al decir que «la mera expectativa de obtener una prestación en el futuro no supondrá la obligación de imputar fiscalmente la prima correspondiente», que es precisamente lo que ocurre cuando el premio se condiciona a que el trabajador se jubile en la empresa.

¡Bingo!

Ahora podrán entender por qué si un alto ejecutivo del IBEX-35, que gana un millón de euros al año, casado y con dos hijos, y que tendrá que pagar a Hacienda la «dolorosa» cantidad de 436 000 €/año, decide, por ejemplo, que 700 000 €/año los reciba vía dineraria y 300 000 €/año en concepto de premio de jubilación.

En este último caso, el IRPF anual mientras el trabajador está en activo será de unos 302 000 €, por lo que se ahorra cada año —siéntense y tómense un tila por favor— ¡134.000 €! Repito: ¡cada año!

Si el premio de jubilación se lo ponen con, por ejemplo cincuenta años, y se jubila con sesenta y siete años, se habrá ahorrado en forma de reducción de IRPF un total de... ¡2 278 000 €! Además tendrá un fantástico premio de jubilación sin contar con intereses, de un total de... ¡5 100 000 €!

Bueno, ya lo había dicho en el comienzo del libro: si lo hacen estos ejecutivos, la pyme, aunque sea con otras cantidades mas modestas, debe aprovechar estas fantásticas soluciones fiscales.

La legislación está ahí para aplicarla y aprovechar las bondades que nos brinda.

La jugada maestra para trabajadores y empresa

La jugada maestra está implícita en todo lo que hemos estado viendo. Hasta ahora estábamos estudiando las soluciones fiscales desde el punto de vista de una empresa que, preocupada por fidelizar, incentivar y premiar a los trabajadores, mantiene una retribución constante con los mismos y se centra en hacer «salarios a la carta o retribuciones flexibles» pactadas con el trabajador, que gracias a las exenciones y bonificaciones fiscales ven cómo se eleva la renta neta que llega a sus hogares.

Digo pactada porque está individualizada con cada trabajador, que voluntariamente accederán a ello o no porque voluntariamente deben decidir si se adhieren o no a esas retribuciones flexibles o salarios a la carta.

La pregunta que nos debemos hacer es: ¿no sería más adecuado una fórmula en la que ganase la renta neta del trabajador y también se redujera el coste total para la empresa?

Es decir, ¿no sería mejor aplicar unas soluciones de tal forma que ambas partes salgan ganando ? ¿Soluciones denominadas *win-win*, en las que ambas partes ganan?

Yo creo que sería lo idóneo.

No obstante, siempre partimos de la hipótesis de que tenemos que cumplir la legislación y los convenios colectivos sectoriales, pero aun así sería cuestión de realizar un análisis profundo de la estructura salarial de la empresa y estudiar alternativas que sean interesantes para ambas partes.

Imagínese una empresa con cien trabajadores, con unas retribuciones dinerarias de 38 500 €/año, lo que supone 385 000 € en nóminas.

Los costes a la Seguridad Social serán como mínimo de aproximadamente 138 600 €. Esto hace un total en costes en fuerza laboral de 523 600 €.

Un trabajador, casado y con dos hijos, que obtenga los ingresos de su trabajo, obtendría un rendimiento neto de IRPF de 30 722 €, es decir, 2560 €/mes netos de impuestos.

Por poner un ejemplo, si percibe por otro lado, a través de un plan de retribución flexible o salario a la carta, 30 000 € en retribución monetaria y 8500 € en retribuciones en especie exentas de IRPF, su renta neta después de impuestos más las retribuciones en especie que disfruta alcanzaría una renta neta equivalente a 35 518 €, es decir, el equivalente a 2959 €/mes, o dicho porcentualmente, un 15,58 % de subida implícita de ingresos netos, que en términos brutos equivalentes para este ejemplo, supone una subida de... ¡un 18,34 %!

No estaría mal que llegara un día el responsable de tu empresa y le dijera a todo el mundo que os va subir un 18,34%, ¿verdad?

El trabajador sale ganando y la empresa se mantiene igual, con los mismos costes de la fuerza laboral.

Pero, ¿por qué no damos un pasito más?¿Por qué no hacer un sistema en el que también salga beneficiada la empresa?

Por ejemplo, ¿por qué no un salario monetario de 30 000 €/año y en especie de 4 500 €, exentos de IRPF?

Esto supondría una renta ncta equivalente de 2626 €/mes para el trabajador.

¿Esto que implica? Una subida equivalente en el salario bruto del trabajador de un 3 % y un descenso en costes laborales totales para la empresa de un 10,40 %.

¡*Touché*! Ambas partes ganan, empresa y trabajadores. Lo dicho: se ha puesto en marcha un sistema retributivo óptimo *win-win*.

El corolario siempre suele ir en el mismo sentido: sin unos expertos en comunicación y *marketing* interno, que guíen a la empresa en cómo debe transmitir esta idea al resto de trabajadores, esta fantástica solución puede ser entendida por algunos trabajadores en un sentido inverso, en algo así como una manera de «liarles por algún interés oculto».

Con una buena estrategia de comunicación interna puede ser la guinda que se ponga al pastel, para que el trabajador entienda que la empresa está sumida en un verdadero proceso de crecimiento, fomentando la productividad de los trabajadores gracias a un incremento de sus retribuciones líquidas y simultáneamente optimizando costes laborales para favorecer la sostenibilidad del negocio a largo plazo.

Planificación fiscal de las reestructuraciones

En esta sección queremos aportar algunas ideas para que tanto empresarios y profesionales autónomos, como trabajadores por cuenta ajena, reflexionen sobre algunos aspectos fiscales importantes del patrimonio personal que poseen.

En el caso de los trabajadores de una empresa, veremos el impacto fiscal de una reestructuración de plantilla.

En el caso de los socios de una empresa, pueden suceder a lo largo de la vida de la empresa eventos que deben ser previstos, como son la posibilidad de separación de algún socio, la disolución de la sociedad o la jubilación de uno de los socios que decide vender su participación. En cada uno de estos escenarios veremos si la ley nos permite alguna ventaja fiscal.

Por otro lado, hemos analizado en otros capítulos las ventajas fiscales de las aportaciones a los sistemas de previsión social, efectuadas tanto desde el ámbito empresarial como realizadas de manera personal.

Analizaremos en esta sección cómo optimizar el impacto fiscal de la percepción de las mismas una vez haya llegado el momento de la jubilación.

No olviden que dentro unos años, allá por el 2045, habrá más jubilados que trabajadores, según las estimaciones del INE.

Reestructuraciones de plantillas. EREs, despidos y bajas incentivadas

Una de las medidas más utilizadas por las empresas españolas cuando llegan ciertos problemas en el negocio es el acudir a la opción del despido de personal o ERE en caso de que sea para un tanto por ciento significativo de trabajadores.

Pero también ha sido utilizada por las empresas en momentos en que la situación no era tan delicada, y acudían a la opción de la denominada «prejubilación», figura inexistente jurídicamente pero que ha calado en el mundo empresarial.

Se instrumentaba mediante despido improcedente, obteniendo unos ingresos el trabajador los dos primeros años (normalmente por tener gran antigüedad) mediante la suma de ingresos del paro más un seguro de rentas que supusiera un tanto por ciento del salario, y pasado este período, una renta mensual gracias al seguro hasta la edad de jubilación, que mantuviera el tanto por ciento del salario anterior y que incluyera el dinero para seguir cotizando el propio trabajador mediante un convenio especial con la Seguridad Social.

Pero llegó la denominada «enmienda Telefónica», que recibe este nombre debido a que esta empresa presentó un beneficio espectacular y meses después procedió a despedir a unos 6500 trabajadores.

A partir de esta enmienda, y tras varias aclaraciones por los tribunales y cambios por los gobiernos, aquellas empresas de más de cien trabajadores, con beneficios en los dos ejercicios anteriores al despido o en dos ejercicios entre el anterior al despido y los cuatro posteriores, que procedan a efectuar un despido colectivo a mayores de cincuenta años, están obligadas a efectuar una aportación económica al Tesoro público, para evitar que sea este el que pague las indemnizaciones por desempleo, subsidio, y las cotizaciones que deja de percibir.

Se estima que ello ha supuesto un sobrecoste de unos 100 000 € por trabajador en las indemnizaciones que las empresas debían abonar, aunque no ha impedido que sectores tradicionales como la banca y grandes compañías españolas sigan acudiendo a la fórmula de la prejubilación.

En el ámbito de la fiscalidad, para la empresa constituye un gasto deducible toda indemnización por despido, pero el impacto en el IRPF del trabajador difiere según las causas de extinción del contrato.

Cese por voluntad del trabajador

En este caso se plantean dos escenarios: uno, el cese voluntario en el que no hay derecho a indemnización; y dos, el cese voluntario debido a que se ha modificado el lugar de trabajo, obligando a cambio de residencia o por otras modificaciones perjudiciales para el trabajador de horario, dignidad, etc., en el que sí hay derecho a indemnización con la exención tributaria de los primeros 180 000 €.

Despidos

En los siguientes casos se mantienen también exentos los mencionados 180 000 €, exigiéndose la no contratación dentro de los próximos tres años del trabajador por la empresa.

— Despidos improcedentes.
— Despidos colectivos (causas económicas, técnicas, organizativas o de producción y fuerza mayor).
— Despidos por causas objetivas.

En los despidos improcedentes, para tener derecho a la exención primero se debe realizar un despido objetivo o disciplinario, siendo el SMAC o los juzgados los que reconozcan la improcedencia del mismo, para tener derecho así a la exención.

Lo único que varían en las diferentes modalidades son las cuantías a abonar por días trabajados con los límites máximos de mensualidades.

Es importante anotar que, aparte de esta exención de 180 000 € , tendrán las bonificaciones del 30 % exento para aquellos rendimientos generados en más de dos años o de manera notoriamente irregular, para aquella indemnización que supere los 180 000 €.

Indemnizaciones de personal de alta dirección

En el caso de estos ejecutivos, tradicionalmente se ha entendido que la indemnización —pactada o no— por desestimiento o despido improcedente, no tenía derecho a exención alguna, por lo que se debía tributar por el 100 % de lo percibido.

Pero en una reciente sentencia de la Audiencia Nacional del 8 de marzo de 2017, en caso de desestimiento se ha admitido la exención de la misma.

Aún así, habrá que estar pendiente de algún recurso en el Tribunal Supremo para ver cómo queda definitivamente el asunto.

Planes de bajas incentivadas

Como habíamos comentado al inicio del capítulo, estas fórmulas han sido muy utilizadas con éxito en algunas industrias.

Aquí lo que prima es la seguridad y estabilidad de los ingresos del trabajador que se acoge a un plan de estas características, así como el mantener un nivel adecuado de su pensión de jubilación, dado que con el líquido a percibir el trabajador puede hacer un convenio con la Seguridad Social para mantener un adecuado nivel de cotización a la misma.

El trabajador, mediante el acuerdo suscrito y exteriorizado en pólizas de seguros, percibe una renta mensual pactada normalmente hasta su jubilación o por un plazo pactado normalmente muy cercano a la edad ordinaria de jubilación.

No hay exenciones fiscales en IRPF, pero con unos plazos adecuados, con tipos de interés estándar, y acordando un tanto por ciento del líquido a percibir en comparativa con lo que se venía cobrando, ambas partes, empresa y trabajador, pueden salir beneficiados hasta tal punto que el clima en la empresa es óptimo ante estas iniciativas.

Reestructuración patrimonial personal. Jubilación y separación del socio

Hoy en día es uno de los temas más comentados en todas las tertulias. ¿Tenemos unas pensiones sostenibles? ¿Es posible aumentar las prestaciones sociales y no caer en un déficit público permanente?

Cuando yo nací, en la época del *baby boom*, la población española mayor de sesenta y cinco años era de un 9,95 %, mientras que las personas en edad de trabajar era de un 54,97 %; el ratio salía a un jubilado por cada cinco trabajadores.

Ello permitía tener un programa de pensiones públicas sostenibles, pero de aquellos dorados días a hoy la cosa ha cambiado enormemente, de tal forma que hay ya un 20 % de personas mayores de sesenta y cinco años, y lo que es peor es que en el 2050 habrá setenta y seis jubilados cada cien, es decir casi ocho pensionistas cada diez trabajadores. Y esto, señores, no es sostenible.

No le den más vueltas, no es sostenible.

Conclusión: las prestaciones que recibiremos serán notablemente inferiores a las que hoy reciben nuestros mayores.

Corolario: ahorre un buen patrimonio para cuando lleguen esos días.

Imaginemos que ha llegado ese momento; se ha jubilado y empieza a percibir una pensión que le comunican desde la Administración.

Empieza una nueva etapa que necesita de cierta planificación fiscal, que va a ocasionar cierta reestructuración del patrimonio familiar.

Para situarnos, hoy en día la pensión media en España es el 58,5 % del sueldo medio, lo que supone llegar apenas a los 1100 €/mes de pensión de jubilación.

Veamos varios escenarios que se pueden plantear con cierta asiduidad.

Matrimonio jubilado con alto nivel de ingresos cotizando en el régimen general de la Seguridad Social.

Si usted ha trabajado en un empresa con un buen sueldo de, por ejemplo 80 000 €, y su cónyuge también, con otro de 60 000 €, están habituados a un alto nivel de vida. En concreto, en una situación estándar supondría unos ingresos netos en IRPF de 8480 € al mes entre los dos. Pero los ingresos, una vez se jubilen, bajarán a 5096 €; esto es una merma de un 40 % en los ingresos netos.

Es posible que con ese nivel de ingresos por jubilación, los hijos en una situación laboral desahogada y los inmuebles sin cargas hipotecarias, sea más que suficiente para disfrutar de la jubilación.

Con ese nivel de ingresos es posible haber acumulado cierto patrimonio en inmuebles, en ahorros o en planes de pensiones.

En este caso, si se alquila algún inmueble, fiscalmente tiene una bonificación del 60 %, por lo que aunque vaya a un tipo impositivo del 37 % por tener pensión máxima, el tipo efectivo para el alquiler será en este caso del 14,80 %.

Lo mismo le ocurre a la percepción de ingresos de unos planes de pensiones que se perciban periódicamente, es decir se suman a los anteriores.

En este caso no hay exenciones, pero sí decido yo mismo la cantidad a cobrar cada año y la periodicidad de la misma, por lo que me permite cierto margen de maniobra para planificar el IRPF.

Eso sí, tengan especial cuidado si tienen un plan de pensiones con una cantidad importante acumulada, ya que en caso de fallecimiento del titular, el beneficiario del mismo, si lo recoge todo a la vez, tributará por lo recibido en tipo marginal de su declaración de la renta del año en que perciba el plan de pensiones, por lo que puede irse a un gravamen de un 45 % del mismo.

Para ello hay soluciones aseguradoras que inmunizan el impacto fiscal.

Es el reembolso de las plusvalías de fondos de inversión la fórmula con mejor gravamen, tributando normalmente a tipo inferiores debido a que se reembolsan plusvalías y participaciones y se enmarca en la base del ahorro que arranca con un 19 %, por lo que mientras no se venda la totalidad del fondo tiene una interesante fiscalidad.

Matrimonio con ingresos idénticos al anterior caso, siendo empresarios o profesionales autónomos ambos y jubilándose con las pensiones mínimas.

Al percibir pensiones los dos, en este año 2019 recibirían la cantidad de 7569 € cada uno, lo que vendría a ser unos 1261 € al mes. Ello supone una merma con respecto a los ingresos que tenían al estar trabajando de un escalofriante 85 %.

En este caso, la pareja necesitará más que nunca disponer del alquiler del inmueble, de ir percibiendo rentas mensuales de los planes de pensiones e incluso de percibir ingresos periódicos de fondos de inversión para mantener un mínimo de ingresos.

No olvidemos que venían de percibir unos ingresos mensuales cuando estaban en activo de 8480 €.

¿Qué dejamos en herencia a los hijos? ¿Y si uno de los dos cónyuges jubilados fallece con una edad todavía temprana? ¿Podrá costearse el que vive alguien que le ayude en casa, con una pensión de jubilación y viudedad de algo menos de 1000 €?

¿Merecerá la pena, una vez que queda solo un cónyuge, la venta de algún inmueble en vez de alquilarlo?

En este caso hay exenciones fiscales por la reinversión en rentas vitalicias de las ganancias patrimoniales derivadas de la venta del inmueble.

Matrimonio divorciado en el que uno de los cónyuges pasa una pensión al otro por el convenio regulador del divorcio.

La declaración de la renta de ambos cónyuges sufre un cambio importante si se casaron en bienes gananciales.

El que paga la pensión deducirá en su IRPF la anualidad que ha pasado al otro cónyuge, mientras que este último tendrá que sumarla a la suya.

Al primero, esa desgravación al menos no le vendrá mal, pero al segundo puede ocasionarle cierto perjuicio en IRPF.

Imagine que esa persona solo tuviera como ingresos una pensión de jubilación de 16 000€ al año, y tras el acuerdo, la pensión del convenio de divorcio le supone otros 3000 € más al año. Esta persona pasaría de estar exenta de tributar a Hacienda a pagar unos 2279 € al año, por lo que de los 3000 € que le paga su cónyuge solo se queda con 730 € netos.

Y si hubiera de por medio alguna hipoteca pendiente, el que asume el pago, aunque ya no conviva en el domicilio, podrá deducir en la cuota del IRPF el 15 % de hipoteca pagada.

Una vez analizada la situación familiar, habría que ver cómo percibir el plan de pensiones, el cual mantiene su carácter privativo, no formando parte de la sociedad de gananciales hasta que se empieza a percibir la prestación del mismo, momento en el cual el excónyuge tiene derecho a percibir la parte proporcional del total del plan de pensiones por los años en que fueron cónyuges.

Persona divorciada que rehace su vida sentimental con una pareja

Este caso es muy habitual hoy en día, dado que el divorcio puede ocasionar el no tener muchas ganas de volver a ser cónyuge, por lo que si se rehace una relación sentimental se opta por mantener la situación de no ser cónyuges.

En un principio, en el patrimonio de ambos nada cambia, si bien es cierto que hay parejas que se inscriben en el registro de parejas de hecho con el fin de que, en caso de fallecimiento, haya una pensión de viudedad para el supérstite.

Este último, si está divorciado, tendrá que valorar si merece la pena dar el paso o mantener el derecho a la pensión de viudedad de la relación anterior.

Para tener derecho a la pensión de viudedad, una persona ya divorciada del fallecido, y para casos posteriores al 1 de enero del 2008, nos exigen obviamente no habernos casado nuevamente, no ser pareja de hecho y también ser receptor de la pensión compensatoria del divorcio.

Aún así, la pensión de viudedad se reparte entre el ex-cónyuge y el cónyuge supérstite, en proporción al tiempo vivido junto al fallecido, garantizándose el 40 % para el cónyuge supérstite, sea el tiempo que sea el que ha estado con el que era su cónyuge.

Parejas que se jubilan sin haber sido nunca cónyuge ni pareja de hecho

Imaginen esa pareja que nunca se casa y que no establecen el régimen de pareja de hecho. Imaginen también que se jubilan con una pensión intermedia.

Se debe planificar la herencia, debido a que en caso de fallecimiento los herederos legítimos serán en este caso en particular los hijos, mientras que la parte de la herencia «de mejora», serán los hijos también, con las exenciones fiscales en el impuesto de sucesiones derivadas del grado de parentesco.

Pero si la herencia de «libre disposición» la deja el fallecido a su pareja supérstite, que no es cónyuge, no hay exenciones fiscales y el gravamen en el impuesto de sucesiones será un gran problema.

Empresario que se jubila y que debe decidir entre seguir trabajando, jubilarse o vender el negocio

Todo empresario, cuando llega la edad ordinaria de jubilación, que en este año 2019 son los sesenta y cinco años y ocho meses (salvo aquellos que podrán jubilarse a los sesenta y cinco años, siempre que tengan un periodo cotizado mínimo de treinta y seis años y nueve meses), debe decidir entre varias opciones.

Es posible que deje el negocio a una segunda generación, planteándose el pasar las acciones o participaciones a los hijos, para lo cual la legislación vigente bonifica fiscalmente tales traspasos del negocio, y así acceder a la situación de jubilación y empezar a percibir el 100 % de su pensión.

En este caso se establece una reducción de la base imponible del 95 % siempre que se deje el negocio a cónyuge, descendiente o adoptado, el donante sea mayor de sesenta y cinco años; si ejercía funciones de dirección, las tiene que dejar de ejercer y de percibir remuneraciones al respecto desde la transmisión.

En cuanto a los familiares que adquieren el negocio, deberán mantener lo adquirido durante los diez años siguientes a la fecha de la escritura pública de donación.

Otra opción a valorar sería también compatibilizar el seguir activo y percibir la pensión denominada «jubilación activa», que es la que permite desarrollar una actividad por cuenta propia y percibir el 50 % de la pensión de jubilación.

Para ello nos exigen tener derecho a una pensión de jubilación que sea el 100 % de la base reguladora.

El jubilado solo cotizará por incapacidad temporal, contigencias profesionales y un 8 % por solidaridad, por lo que el ahorro en costes de seguridad social son importantes.

Así empezamos a disfrutar de parte de la pensión de jubilación, dejamos de tener tanto coste en seguridad social y sigo percibiendo honorarios de la empresa.

Por otro lado, también puede suceder que lo más interesante sea vender el negocio y tributar como ganancia patrimonial en el IRPF, con ciertas posibilidades de reinvertir las mismas con exenciones fiscales si se destinan a la contratación de seguros de rentas vitalicias.

Todo dependerá del valor de venta que obtenga, del tipo de interés efectivo de las rentas vitalicias y del coste de oportunidad de la operación. En fin, que habría que planificar bastante las diferentes alternativas.

Mientras escribo estas palabras, tengo que comentarles que estamos en período de elecciones y que algunos partidos políticos han incluido en el programa electoral la posible eliminación del impuesto de sucesiones y donaciones. Estaremos atentos.

Recuerden que planificar exige hacer un estudio, cuando se pueden tomar medidas para paliar consecuencias dañinas.

No son pocas las ocasiones en que oímos casos de renuncias a la herencia por no haber tomado determinadas medidas antes de que ocurriera el fatal desenlace. En ese caso, la rápida liquidez con la que cuentan los seguros de vida facilita el acceso a determinadas herencias.

Persona con cincuenta y ocho años que salió en un ERE hace tres años y se plantea jubilarse anticipadamente o jubilarse a la edad ordinaria de jubilación

Este caso es el de muchos trabajadores en nuestro país; de hecho se estima que el 10 % de los jubilados lo hacen entre los cincuenta y los cincuenta y nueve años, mientras que el 39 % lo hace entre los sesenta y los sesenta y cuatro años.

Esto implica que la mitad de los jubilados de nuestro país, lo hace antes de la edad ordinaria de jubilación, por lo que la mitad de los trabajadores jubilados en nuestro país no llega a cobrar el 100 % de la pensión de jubilación

Esta pasada semana estuve hablando con un cliente de cincuenta y ocho años que estuvo inmerso en un ERE hace cuatro años y algo. Este cliente percibe una renta mensual hasta los sesenta y cinco años,con la que mantiene un nivel de vida determinado con unos ingresos netos pactados en el ERE y exteriorizado en una póliza de seguros, con la que también aporta una cantidad a un convenio especial de la Seguridad Social para mantener la cotización máxima que se permite, para tener el día de mañana la pensión máxima.

La duda que me planteó es, si le merecía o no la pena jubilarse a los sesenta y un años de edad, que es una alternativa que se habló en el ERE, antes de la edad ordinaria de jubilación.

Para empezar, había que analizar si él podía jubilarse a los sesenta y uno, como él quería, dado que la ley permite jubilarse cuatro años antes de la edad ordinaria de jubilación, siempre y cuando uno proceda de un ERE.

Había que realizar unos números, y es que cuando él cumpla sesenta y uno, en el año 2021, la edad ordinaria de jubilación será de sesenta y seis años, por lo que supera los cuatro años mencionados.

Hechando unos cálculos habrá pues que esperar en su caso hasta los sesenta y dos años y cuatro meses, en la primavera del 2023, para jubilarse anticipadamente, es decir, dieciséis meses más tarde de lo que el creía, por lo que son dieciséis cuotas más a soportar por él, de aportación al convenio a la Seguridad Social.

Pero ahí no queda la cosa: cuando pida la jubilación anticipada en el citado abril de 2023, tendrá treinta y siete años y nueve meses cotizados, por lo que en el supuesto de jubilarse le aplicarán una reducción del 7,5 % anual por cada uno de los cuatro años, lo que supone una merma de un 30 % de la pensión de jubilación, reduciéndose esta desde los 37.231 € hasta los 26.061,70 €/año.

Con los números sobre la mesa, es el propio trabajador el que debe meditar si le merece la pena o no jubilarse anticipadamente.

En general, en España no somos muy dados a planificar y a solicitar asesoramiento cuando el problema todavía no se ha plantado. Adelántese y planifique.

Nuestra jubilación debe ser sostenible, con fiscalidad optimizada tanto en la percepción de los diferentes ingresos con los que contamos como el que dejamos a nuestros herederos cuando pasamos a la otra vida.

Incentivos fiscales para personas y empresas por invertir en negocios y crear empleo

Hemos hablado a lo largo de este libro de la necesidad imperiosa en nuestro país de incentivar la inversión privada en nuevos negocios y no depender tanto de la financiación bancaria, de ahí que el propio gobierno haya buscado incentivos legales para desarrollar de manera efectiva esta forma tan interesante de financiación de éxito en los países más avanzados.

Entre estas modalidades que existen de invertir en un negocio distinguimos las siguientes:

— *Business angels*, que inyectan capital en la apertura del negocio y además aportan experiencia (a diferencia del mecenas) en la gestión de la misma para que esta sea un éxito.
— *Venture capital* (o «capital semilla»), donde se financian de manera privada nuevos proyectos o la puesta en marcha de empresas recientemente creadas.
— *Private equity* (capital privado), es la inversión en el capital en empresas ya creadas, pero que están en fase de crecimiento y necesitan de inyección de capital.

Veamos las interesantes características fiscales que el legislador ha puesto para incentivarlas.

Deducción del fondo de comercio en la adquisición de empresas

Fue precisamente la ley 22/2015 de auditoría de cuentas la que entró en vigor en 2016 para dar forma a una directiva europea del 2013, que supuso la vuelta de la deducción por amortización del fondo de comercio del comprador de una empresa a título oneroso.

El fondo de comercio lo componen esa serie de elementos intangibles que se «pagan» al comprar una empresa y que no se incluyen en la contabilidad, como es la cartera de clientes, el prestigio, el alcance digital en redes sociales, la situación de las oficinas, etc.

Con ello se permite que el adquiriente de la empresa pueda amortizar el fondo de comercio en un plazo de diez años, con carácter general, permitiendo la deducción fiscal de un 5 % anual en el impuesto de sociedades.

Dado que tanto *business angels*, *private equity* y *venture capital* suelen estar un período de años inferior a los diez años, la deducción del 5 % de ese fondo de comercio es un importante incentivo para «salir» de la empresa antes de que se agote la deducción del fondo de comercio.

Al salir de la empresa y vender estos inversores, sus acciones o participaciones, obviamente tendrán que tributar como ganancias y pérdidas patrimoniales.

El valor de adquisición se minorará por el fondo de comercio amortizado, por lo que cuanto más tiempo pase, menor será el valor de adquisición, y por tanto mayor será la ganancia patrimonial y mayor la tributación en IRPF, en este caso entre el 19 % y el 23 %.

Ello implica que la planificación fiscal debe ser el pilar donde debe basarse toda decisión de entrar en un negocio, y salir beneficiados también de la salida del mismo, más si cabe con la posibilidad que existe de poder compensar estas ganancias patrimoniales con otras inversiones (compensación de pérdidas en el año de inversiones en bolsa, de pérdidas de periodos anteriores, por reinversión en rentas vitalicias, etc.).

Deducciones fiscales para persona físicas, por inversión en empresas de nueva o reciente creación

En concreto, veamos lo que supone el art.68 de deducciones sobre la cuota líquida estatal de la persona que invierte en el capital de las empresas nuevas o de reciente creación.

1. Los contribuyentes podrán deducirse el 30 % de las cantidades satisfechas en el período de que se trate por la suscripción de acciones o participaciones en empresas de nueva o reciente creación cuando se cumpla lo dispuesto en los números 2° y 3° de este apartado.

Podrán, además de la aportación temporal al capital, aportar sus conocimientos empresariales o profesionales adecuados para el desarrollo de la entidad en la que invierten en los términos que establezca el acuerdo de inversión entre el contribuyente y la entidad.

La base máxima de deducción será de 60 000 euros anuales y estará formada por el valor de adquisición de las acciones o participaciones suscritas.

2. La entidad cuyas acciones o participaciones se adquieran deberá cumplir los siguientes requisitos:

   a. Debe ser sociedad anónima, sociedad de responsabilidad limitada, y no estar admitida a negociación en ningún mercado organizado. Este requisito deberá cumplirse durante todos los años de tenencia de la acción o participación.

   b. No podrá tener por actividad la gestión de un patrimonio mobiliario o inmobiliario, por lo que el legislador ha buscado incentivar a la empresa en su concepto más genérico.

   c. El importe de la cifra de los fondos propios de la entidad no podrá ser superior a 400 000 euros en el inicio del período impositivo de la misma en que el contribuyente adquiera las acciones o participaciones.

3. A efectos de aplicar lo dispuesto en el apartado 1° anterior deberán cumplirse las siguientes condiciones:

4. Las acciones o participaciones en la entidad deberán adquirirse por el contribuyente, bien en el momento de la constitución de aquella o mediante ampliación de capital

efectuada en los tres años siguientes a dicha constitución, y permanecer en su patrimonio por un plazo superior a tres años e inferior a doce años.

   c. La participación directa o indirecta del contribuyente, junto con la que posean en la misma entidad su cónyuge o cualquier persona unida al contribuyente por parentesco, en línea recta o colateral, por consanguinidad o afinidad hasta el segundo grado incluido, no puede ser, durante ningún día de los años naturales de tenencia de la participación, superior al 40 % del capital social de la entidad o de sus derechos de voto.

Vemos pues que se intenta fomentar, gracias a estos beneficios fiscales, la estabilidad de la financiación en la empresa, además de evitar que se obtenga un beneficio fiscal a través de «atajos», manteniendo el control efectivo por parte del inversor y su familia sobre la misma.

Deducciones en el impuesto de sociedades de las empresas por reservas de capitalización y nivelación

Recientemente se han regulado estas dos interesantes reservas que pueden suponer en el impuesto de sociedades alguna ventaja más que relevante.

Las empresas denominadas «de reducida dimensión» (menos de diez millones de euros de producción), podrán aplicar alguna de las dos alternativas o, si lo desea, las dos reservas simultáneamente.

Las que no sean de reducida dimensión podrán aplicar solamente la reserva de capitalización.

En el caso de poder aplicar las dos simultáneamente, esto llevará a un tipo impositivo en el impuesto de sociedades del 20,25 %, siendo la primera que se aplica la reserva de capitalización, y posteriormente la de nivelación.

Poniendo un ejemplo, si en el año se hubieran obtenido unas bases imponibles en el impuesto de sociedades de 120 000 €, el impuesto hubiera sido de 30 000 €, mientras que al aplicar ambas reservas el impuesto se reduce a 24 300 €.

Una diferencia sustancial entre ambas es que la reserva de capitalización debe aplicarse durante los cinco años para compensar bases impositivas negativas, pero si en ese periodo hay siempre bases positivas, no se podrá aplicar y habrá que devolver esa exención el quinto año.

La reserva de nivelación desgravará siempre que se mantenga el dinero provisionado durante cinco años. Por otro lado, las cantidades dotadas para una de las reservas, lógicamente no podrán ser también utilizadas como dotación para las otras reservas.

Veamos sus características registradas en el artículo 25 y 105 del impuesto de sociedades.

Reserva de capitalización.

1. Tendrán derecho a una reducción en la base imponible del 10 % del importe del incremento de sus fondos propios, siempre que se cumplan los siguientes requisitos:

    a. Que el importe del incremento de los fondos propios de la entidad se mantenga durante un plazo de cinco años desde el cierre del período impositivo al que corresponda esta reducción.

    a. Que se dote una reserva por el importe de la reducción, que será indisponible durante los cinco años.

2. No podrán aplicarlo las empresas que tributen al 15 % por ser de reciente creación.

3. La minoración se produce para aplicarla ante bases imponibles negativas durante los cinco años.

4. Si durante los cinco años siempre ha habido bases impositivas positivas sobre la reducción fiscal inicial, habrá que devolver la exención inicial.

Reserva de nivelación

1. Solo podrán aplicarla las entidades que cumplan las condiciones establecidas en el artículo 101 de la ley del impuesto de sociedades en el período impositivo, es decir, las que aplican el tipo de gravamen del 25 % en el impuesto de sociedades.

    Podrán minorar su base imponible positiva hasta el 10 % de su importe. En todo caso, la minoración no podrá superar el importe de un millón de euros.

2. Las cantidades a las que se refiere el apartado anterior se adicionarán a la base imponible durante los cinco años siguientes, siempre que el contribuyente tenga una base imponible negativa, y hasta el importe de la misma. El importe restante se adicionará a la base imponible del período impositivo correspondiente a la fecha de conclusión del referido plazo.

3. El contribuyente deberá dotar una reserva por el importe de la minoración, que será indisponible hasta la finalización del plazo comentado.

Deducciones por creación de empresas de reducida dimensión

Estas últimas deducciones las veremos en la siguiente sección de autónomos, dado que me ha parecido conveniente por su propia naturaleza, dirigida al pequeño negocio.

En definitiva, hemos visto alternativas más que interesantes que nos permite la legislación y que se debe valorar estratégicamente, ya que algunas son propicias desde la óptica personal, desgravando en el IRP, mientras que en el caso de las reservas de nivelación y capitalización se hace desde el punto de vista de la empresa y su efecto beneficioso en el impuesto de sociedades.

Gastos deducibles en el IRPF del autónomo

El profesional autónomo sabe que la mayoría de gastos que le origina el negocio para ejercer la actividad son deducibles. Pero creo que, si bien unos son necesarios para poder desarrollar la actividad, otros pueden ser realizados o no, en función obviamente de la liquidez del negocio y del momento en que se realizan, analizando previamente la deducción fiscal que producen.

Vamos a aclarar algunos puntos importantes menos conocidos de los gastos deducibles, para que el lector pueda planificar la cuota fiscal.

Gastos deducibles

— **Consumos de explotación.**
— **Sueldos y salarios.** Creemos importante señalar que en esta partida el art. 30.2.2°, establece que si se tienen familiares a su cargo, el autónomo deducirá su remuneración siempre y cuando el familiar esté contratado en el régimen laboral y con un salario acorde a la retribución de mercado de su cualificación.
— **Seguridad social a cargo de la empresa.** Es gasto deducible también la cotización a la Seguridad Social del titular.

— **Otros gastos del personal.** Serán deducibles los siguientes gastos:
  - Formación del empleado.
  - Seguros de accidentes del personal u otros análogos.
  - Contribuciones del empresario a planes de pensiones o planes de previsión social de los empleados.
  - Prestaciones de seguros de ahorro análogos a los anteriores hechas a favor de los trabajadores.

— **Arrendamientos y cánones.** *Leasing*: Es gasto deducible la parte que se paga por recuperación del bien y también la carga financiera de los intereses. Se exige un mínimo de dos años para bienes muebles y diez años para inmuebles.

— **Reparaciones y conservación.** No crean que vale cualquier fórmula, ya que la ley del IRPF alerta de que no se considerarán gastos de conservación o reparación los que supongan ampliación o mejora del activo material.

— **Servicios de profesionales independientes.** Aquí entran los servicios de economistas, abogados, informáticos, técnicos, notarios, etc., así como los agentes mediadores.

— **Suministros (agua, gas, luz, internet, etc.)** Recuerden que ya habíamos comentado que si el autónomo trabaja desde casa, podrá deducirse el 30 % de los mismos, teniendo en cuenta la parte de casa utilizada.

— **Otros servicios exteriores.** Entran los siguientes gastos: primas de seguros, servicios bancarios, publicidad, propaganda, relaciones públicas, transporte, etc.

— **Tributos fiscalmente deducibles** como el IBI o el IAE y gastos financieros por préstamos, descuento de efectos o aplazamientos de pago.

— **Pérdidas por insolvencia de deudores.** Se exige que pasen más de seis meses del impago o que el deudor esté en concurso de acreedores o en alzamiento de bienes, o que las obligaciones estén reclamadas judicialmente.

— **Incentivos al mecenazgo.** Serán deducibles cuando sean actividades de interés general para la ciudadanía.

— **Otros gastos fiscalmente deducibles.** Se entienden que entran en este punto aquellos cursos de formación, conferencias, libros, congresos, etc., que tengan relación con la actividad profesional.

— **Seguros de salud del autónomo y su familia.** Se deducen 500 €/año por cada miembro de la familia, el autónomo, su cónyuge e hijos menores de veinticinco años que convivan con él.
Una familia media de cuatro personas supone 2000 € deducibles en IRPF.

— **Gastos de manutención** (igual que lo visto en el capítulo IV sobre retribuciones en especie).

— **Provisiones y otros gastos.**

La instauración o no de estos gastos y su deducción son muy importantes para el autónomo, debido a que sus tramos impositivos, al tributar como rendimientos de actividades económicas en IRPF arrancan en un 24 % y pueden alcanzar el 45 %, por lo que el ahorro de impuestos puede ser más que significativo.

Bonificaciones fiscales para los autónomos

Lleva algo más de un año entre nosotros y supuso un importante glosario de medidas que favorecían la creación de emprendedores. Vamos a repasar varias de estas medidas, por el impacto tan beneficioso en costes de seguridad social o en tributación en IRPF que han supuesto para los autónomos.

Terminaremos por repasar el régimen tan común que existe en los negocios de los autónomos, en los cuales el cónyuge o los hijos trabajan con él, para analizar algunas consecuencias fiscales.

Medidas tomadas por la reforma

Medidas de cotización para favorecer el emprendimiento

- Se amplía las personas que pueden optar a la tarifa plana de cincuenta euros a un año de nuevos autónomos, a aquellos que no lo fueron en los dos últimos años.
- Si se vuelve a reemprender pasados tres años desde que se disfrutó de la tarifa plana, se podrán optar de nuevo a esta tarifa plana.

- Se estableció una tarifa plana de cincuenta euros de cuota para las madres que reemprendan antes de los dos años desde que cesó su negocio por maternidad.

- Las bonificaciones de la tarifa plana se ampliaron hasta los veinticuatro meses, de tal forma que los seis siguientes al doceavo se bonifica al 50 % y los últimos seis al 30 %.

- Si se produce un retraso en el pago a la Seguridad Social se reducen los recargos, en el caso del primer mes, del 20 % al 10 %.

Medidas sobre accidentes

- Se reconoce el accidente *in itinere*, esto es, aquel que se produce en la ida o de vuelta al puesto de trabajo, siempre que no coincida con su domicilio.

Medidas de deducción de ciertos gastos

- Los autónomos que trabajen desde casa podrán deducirse un 30 % de los gastos de suministros (agua, luz, teléfono, etc.).

- Son deducibles 26,67 euros al día los gastos en comidas, cuando estos afectan directamente a la actividad en territorio español. Si fuera en el extranjero, esta ascendería a 48 euros al día.

Medidas sobre las cotizaciones a la Seguridad Social

- Los autónomos pagarán desde el primer día efectivo de alta, no todo el mes, como ocurría hasta el 2017.

- Los autónomos podrán darse tres veces de alta y de baja en el mismo año.

- Los autónomos podrán cambiar hasta cuatro veces en el mismo año su base de cotización, y no dos, como sucedía hasta la reforma.

- En caso de pluriactividad, se devolverá de oficio el exceso de cotización de los trabajadores.

- Un autónomo podrá cobrar el 100 % de la pensión de jubilación ordinaria y seguir activo, siempre y cuando tenga al menos un trabajador a su cargo (jubilación activa).

Medidas para favorecer la conciliación vida personal y profesional

- Los autónomos que sean madres/padres estarán exentos de pagar la cuota durante el periodo de baja por maternidad/paternidad.

- Se aplica la exención del 100 % de la cuota de autónomos durante un año para el cuidado de menores o dependientes.

Régimen de contratación de familiares del autónomo

El colaborador autónomo

Antes de analizar la legislación, es preciso dejar claro que este régimen es opuesto al que analizamos en el capítulo de la cotización de los administradores de empresa, que aunque coticen como autónomos no es aplicable en este apartado debido a que el que contrata en este capítulo es el autónomo que tiene el negocio, personalmente.

Analicemos pues cómo puede contratar el autónomo a sus familiares.

La ley exige que para este caso la contratación debe ser indefinida como trabajadores por cuenta ajena de su cónyuge, ascendientes, descendientes y demás parientes por consanguinidad o afinidad, hasta el segundo grado inclusive.

Primer grado por consanguinidad o afinidad incluye a padres, hijos, suegros, yernos o nueras, y el segundo grado incluiría a hermanos, abuelos, nietos y cuñados, por lo que en estos casos la contratación sería irremediablemente indefinida.

No sería aplicable pues este régimen a los de tercer grado, es decir, tíos, sobrinos, bisabuelos y bisnietos, y a los de cuarto grado, es decir, primos.

En la actualidad se incluye a las parejas de hecho.

Se exige también que la colaboración no debe ser puntual, sino que sea de forma habitual, ocupados en su centro de trabajo.

Aún así, se bonifican durante los primeros doce meses al 100 % las cuotas correspondientes a contingencias comunes.

Por otro lado, la ley exige que no haya habido un despido improcedente por parte del profesional autónomo en los doce meses anteriores a la contratación del familiar.

También se exige que una vez haya acabado el período mínimo de doce meses, se mantenga como mínimo otros seis meses más dado de alta en el régimen general al familiar contratado.

Un caso interesante desde el punto de vista fiscal sería la contratación del cónyuge por unos ingresos menores de 22 000 €, por no estar sujetos a gravamen en el IRPF, siempre y cuando no se obtengan o no se superen los límites marcados por la ley otro tipo de rentas, y se ajuste el salario al cargo y convenio existente.

Incentivos fiscales del autónomo por crear empleo e invertir en el negocio

Se establecen deducciones en cuota impositiva por incentivos y estímulos a la inversión empresarial en actividades económicas en estimación directa para aquellos autónomos que destinen las inversiones a las siguientes actividades.

Se exige un mínimo de duración en el mantenimiento de las inversiones (Art. 39.5).

Los elementos patrimoniales afectos a las deducciones deberán permanecer en funcionamiento durante cinco o tres años, si se trata de bienes muebles, o durante su vida útil si fuera inferior.

La ley nos dice con claridad qué inversiones empresariales generan derecho a deducción en el ejercicio 2018 en los siguientes artículos del impuesto de sociedades. Veámoslas.

Art. 35: Deducción por actividades de investigación y desarrollo e innovación tecnológica.

Art. 36: Deducción por inversiones en producciones cinematográficas, series audiovisuales y espectáculos en vivo de artes escénicas y musicales.

Art. 37: Deducciones por creación de empleo.

En cuanto a las deducciones por creación de empleo (art. 37), esta será de 3000 euros para contratados de menos de treinta años.

Por contratar desempleados que perciben prestación de desempleo se bonificará el 50 % de la prestación de desempleo, donde la bonificación se realiza solo para negocios con menos de cincuenta empleados.

Se exige contratación indefinida y mantenimiento de tres años de la relación laboral.

Art. 38 Deducción por creación de empleo para trabajadores con discapacidad.

Se establecen deducciones 9000 € persona/año para discapacidad entre el 33 % y el 65 % y de 12 000 € persona/año para discapacidad mayor del 65 %.

Existe también la siguiente deducción para actividades de reducida dimensión:

Deducción por inversión en negocios de dimensión reducida en elementos nuevos del inmovilizado material o inversiones inmobiliarias afectos a actividades económicas (art. 68.2.b IRPF).

Es importante saber qué es el «inmovilizado material», por lo que atendiendo al plan general contable, serán las siguientes inversiones: terrenos y bienes naturales, construcciones, instalaciones técnicas, maquinaria, utillaje, otras instalaciones técnicas, mobiliario, equipos para procesos informáticos, elementos de transporte u otro inmovilizado material.

Veamos las características que tiene que tener la inversión para ser deducible:

— La cifra de negocios neta no puede exceder de diez millones de euros con carácter general (característica típica de entidad de reducida dimensión).

— Esta alternativa es incompatible con la libertad de amortización.

— La base de la deducción será la cuantía invertida, en elementos nuevos del inmovilizado material o inversiones inmobiliarias (con ciertas restricciones).

— La inversión deberá realizarse en el período impositivo en que se obtengan los rendimientos objeto de reinversión o en el período impositivo siguiente.

— Mantenimiento durante un plazo de cinco años.

— Deducción de un 5 % con carácter general.

Vemos pues que todos estos incentivos están dirigidos a favorecer, en los pequeños negocios, la inversión en una mejora de sus activos materiales y en la creación de empleo por parte de los empresarios. Es decir, se busca mejorar la productividad del negocio, que como han podido leer a lo largo de todo el libro ha sido un objetivo constante de las herramientas que hemos ido analizando.

Bibliografía

— *Manual práctico del impuesto sobre la renta de las personas físicas 2019* (VV.AA), CIS , Wolters Kluwer.

— *Impuesto sobre sociedades* (Ángeles Pla, Concha Salvador), Tirant Lo Blanch.

— *Memento práctico fiscal 2019*, Francis Lefebvre.

— *Impuesto sobre la renta de las personas físicas* (Roberto Alonso), Ediciones CEF, 2 vol.

— *Manual de fiscalidad: Teoría y Práctica* (Portillo), Tecnos.

— *Manual práctico de la renta 2018* (Agencia Tributaria).

— *Guía Fiscal 2019* (VV.AA), Ediciones CEF.

— *Fiscalidad individual y empresarial* (Moreno y Paredes), Civitas.

— *Curso de derecho tributario* (Pérez Royo) 2 vol., Tecnos.

— *Impuesto sobre sociedades: fiscalidad práctica 2018* (Rodríguez Relea), Thomson Reuters

Patrocinio

Este libro está patrocinado por **Brandrock**, servicios creados por profesionales para pymes.

No nos importa tu tamaño. Nos importa tu sueño, tu proyecto, tu propósito. Brandrock está formada por equipos profesionales. Todos, por separado, hemos trabajado para grandes empresas. Nos hemos unido para servir a las Pymes, para ofrecer servicios de alta calidad y rendimiento, para ayudarte a tomar las mejores decisiones, a optimizar tus inversiones, gestionar tu patrimonio y desplegar una comunicación de alto nivel que te permita llegar a tus públicos con eficacia y elevar tu reputación a un rango superior.

✉ E-mail: **info@brandrock.es**
☎ **Tlfno: 916 225 084**
🌐 **Web: www.brandrock.es**

Autores para la formación

Editatum y **GuíaBurros** te acercan a tus autores favoritos para ofrecerte el servicio de formación GuíaBurros.

Charlas, conferencias y cursos muy prácticos para eventos y formaciones de tu organización.

Autores de referencia, con buena capacidad de comunicación, sentido del humor y destreza para sorprender al auditorio con prácticos análisis, consejos y enfoques que saben imprimir en cada una de sus ponencias.

Conferencias, charlas y cursos que representan un entretenido proceso de aprendizaje vinculado a las más variadas temáticas y disciplinas, destinadas a satisfacer cualquier inquietud por aprender.

Consulta nuestra amplia propuesta en **www.editatumconferencias.com** y organiza eventos de interés para tus asistentes con los mejores profesionales de cada materia.

Made in the USA
Las Vegas, NV
15 March 2024

87260818R00085